RUSSLANDS
WERK UND
DEUTSCHLANDS
BEITRAG

THOMAS MAYER

RUSSLANDS WERK UND DEUTSCHLANDS BEITRAG

WIE PUTINS UND MERKELS POLITIK
UNS ZUM VERHÄNGNIS WURDEN

Eine Zivilisation ist das Produkt einer bestimmten Weltanschauung, und ihre Philosophie manifestiert sich in jedem ihrer Werke.

LUDWIG VON MISES,
Theory and History

Inhalt

Prolog
S. 08

KAPITEL 1
Auferstanden aus Ruinen
S. 16

Von Lenin zu Peter
S. 20

Von Templin nach Berlin
S. 45

KAPITEL 2
Das Chamäleon und der Wolf
S. 56

Der Wolf tritt auf den Plan
S. 59

Das Chamäleon wechselt
die Farben
S. 73

KAPITEL 3
Merkonomics
S. 90

Finanzkrise
S. 92

Eurokrise
S. 100

Energiekapriolen
S. 107

Leviathan – fett und wehrlos
S. 112

KAPITEL 4
Putinomics
S. 124

Geburt und Aufstieg
der Oligarchen
S. 125

Übernahme durch die Silowiki
S. 129

Die Säulen der Macht
S. 132

Russki Mir
S. 134

KGB-orthodox
S. 140

Mehr Wohlstand
durch höhere Effizienz
S. 143

Finanzfestung
S. 149

Implosion
S. 150

KAPITEL 5
Partner und Widersacher
S. 154

Abrüstung und Aufrüstung
S. 156

Vertragsrecht gegen Recht
des Stärkeren
S. 162

Beste Geschäftspartner
S. 166

KAPITEL 6
Zurück in die Zukunft
S. 176

Kampf der
Gesellschaftssysteme
S. 178

Rückbau der Globalisierung
S. 179

Wiederkehr der Inflation
S. 180

Renaissance des Westens
S. 182

Die Chance der Diktatoren
S. 184

Epilog
S. 188

Anhang
S. 194

Anmerkungen
S. 194

Literatur
S. 202

Personenregister
S. 204

Grafiken und Tabellen
S. 207

Prolog

A m 8. Dezember 2021 übergab Angela Merkel ihrem Nachfolger Olaf Scholz das Amt des Bundeskanzlers, das sie 5860 Tage innegehabt hatte. Scholz erahne vielleicht, sagte sie dabei, dass dies eine spannende, erfüllende und auch fordernde Aufgabe sei. »Aber wenn man sie mit Freude angeht, dann ist es vielleicht auch eine der schönsten Aufgaben, die es gibt, für dieses Land Verantwortung zu tragen.« Scholz erwiderte, Merkel habe das Land, die Regierung, aber auch das Kanzleramt besonders geprägt. Den Mitarbeitern des Kanzleramts versprach er, an »die nordostdeutsche Mentalität, die hier geherrscht« habe, anzuknüpfen. »So viel wird sich da nicht ändern.«[1] Im Wahlkampf hatte er sich mit nach der »Merkel-Raute« gehaltenen Händen fotografieren lassen. Seine Botschaft an die Wähler hieß »Weiter so« – und sie kam gut an.

In den frühen Morgenstunden des 24. Februar 2022 überfielen die Truppen des russischen Präsidenten Wladimir Putin die Ukraine. Der Berliner Politikbetrieb war geschockt. Die Vorhersage des Angriffs durch die US-amerikanischen Nachrichtendienste hatte man als Kriegsgeheul beiseitegeschoben. Nun war man fest davon überzeugt, dass die ukrainischen Truppen dem Überfall ein paar Stunden oder höchstens wenige Tage standhalten könnten.

Der ukrainische Präsident Wolodymyr Selenskyj wurde an diesem Morgen von seiner Frau und seinen beiden Kindern geweckt. »Sie sagten mir, dass es laute Explosionen gab. Nach ein paar Minuten erhielt ich das Signal, dass ein Raketenangriff im Gange sei.«[2] Kurz nach Beginn der Invasion boten ihm die US-Amerikaner an, ihn in Sicherheit zu bringen. Er entschied sich, zu bleiben: »Mein Kampf ist hier. Ich brauche Munition, keine Mitfahrgelegenheit.«[3] Die ukrainische Armee erwies sich als widerstandsfähiger als erwartet.

Am 27. Februar 2022 sagte Bundeskanzler Olaf Scholz in einer Sondersitzung des Deutschen Bundestags: »Der

»So viel Diplomatie wie möglich, ohne naiv zu sein, dieser Anspruch bleibt. Nicht naiv zu sein, das bedeutet aber auch, kein Reden um des Redens willen.«

24. Februar 2022 markiert eine Zeitenwende in der Geschichte unseres Kontinents. Mit dem Überfall auf die Ukraine hat der russische Präsident Putin kaltblütig einen Angriffskrieg vom Zaun gebrochen – aus einem einzigen Grund: Die Freiheit der Ukrainerinnen und Ukrainer stellt sein eigenes Unterdrückungsregime infrage. Das ist menschenverachtend. Das ist völkerrechtswidrig. Das ist durch nichts und niemanden zu rechtfertigen.« Danach gab er seiner Regierung und dem Parlament fünf Handlungsaufträge.[4]

Erstens: Deutschland wird der Ukraine Waffen zur Verteidigung liefern. Zweitens: Deutschland wird mit anderen Ländern der Europäischen Union harte Wirtschaftssanktionen gegen Russland verhängen. Drittens: Deutschland wird seine Unterstützung der NATO-Truppen in den östlichen Mitgliedsländern ausweiten. Viertens: Die Bundesregierung wird im laufenden Jahr ein Sondervermögen von 100 Milliarden Euro zur Ausstattung der Bundeswehr einrichten und in Zukunft mehr als zwei Prozent des Bruttoinlandsprodukts (BIP) in die Verteidigung investieren. Außerdem wird die Regierung Maßnahmen ergreifen, um eine sichere Energieversorgung Deutschlands zu gewährleisten. Und fünftens: Deutschland wird seine Außenpolitik härten: »So viel Diplomatie wie möglich, ohne naiv zu sein, dieser Anspruch bleibt. Nicht naiv zu sein, das bedeutet aber auch, kein Reden um des Redens willen.« Der Bundestag klatschte frenetisch, als ob er den Augenblick des Erwachens aus der vergangenen Traumwelt feiern wollte.

In seiner Rede von einer halben Stunde Dauer erklärte Olaf Scholz die postsowjetische Friedenszeit für beendet und räumte die über sechzehn Jahre von Angela Merkel verantwortete Außen-, Sicherheits- und Energiepolitik ab. Statt an die »nordostdeutsche Mentalität« anzuknüpfen und da nicht »so viel (zu) ändern«, leitete er rhetorisch eine kopernikanische Wende ein. Offen und offensiv stellte er sich gegen Putin, und ohne es auszusprechen, aber auch gegen Merkel und seine Partei, die SPD, die über ein halbes Jahrhundert für die Partnerschaft mit Russland gestanden hat. Wie kann man gleichzeitig mit Putin und Merkel brechen?

Die Antwort darauf ist, dass Putins Politik der Aggression ohne Merkels Politik der Beschwichtigung kaum hätte gedeihen können. Trotz aller offensichtlichen Gegensätze gibt es zwischen beiden mehr Gemeinsamkeiten, als auf den ersten Blick sichtbar ist. Beide gehören derselben Generation an, beide sind im Sowjetimperium aufgewachsen und haben aus dem Zerfall dieses Imperiums unterschiedliche Lehren gezogen. Und doch haben sie einander – unabsichtlich – ergänzt und Europa im postsowjetischen Zeitalter maßgeblich geprägt. Deshalb erzähle ich in diesem Buch die deutsch-russische Geschichte von der ersten bis zur zweiten Zeitenwende, vom Fall der Berliner Mauer bis zum Ukraine-Krieg, anhand der Biografien von Angela Merkel und Wladimir Putin. Auf ihre Weise waren Merkel und Putin Repräsentanten dieser Zeit eines *unechten Friedens*. Und der genauere Blick auf den Verlauf ihrer Lebenswege hilft, sie besser zu verstehen.

Wladimir Wladimirowitsch Putin kam am 7. Oktober 1952 in Leningrad, dem früheren (und späteren) Sankt Petersburg, als dritter Sohn von Wladimir Spiridonowitsch Putin und Marija Iwanowna Schelomowa zur Welt. Angela Merkel wurde als Tochter des Ehepaars Kasner am 17. Juli 1954 in Hamburg geboren und zog mit ihren Eltern noch im selben Jahr nach Quitzow, einem kleinen Dorf in Brandenburg. Merkel und Putin erlebten den Fall der

Berliner Mauer im November 1989 in der DDR, sie in Ost-Berlin und er in Dresden. Danach gingen beide in die Politik.

Im Dezember 1989 wurde Merkel Pressesprecherin der neu gegründeten DDR-Partei Demokratischer Aufbruch (DA). Putin wurde im Jahr darauf zum Leiter des städtischen Komitees für Außenbeziehungen der Stadt Sankt Petersburg ernannt. In den Neunzigerjahren stiegen sie im politischen Betrieb ihrer jeweiligen Länder auf. Merkel wurde Ministerin, Putin geschäftsführender Ministerpräsident. Mit der Jahrtausendwende kamen sie in den Vorstandsetagen der Politik an. Merkel als Vorsitzende der CDU Deutschlands, Putin als Präsident Russlands.

In den folgenden zwei Jahrzehnten prägten Krisenmanagement und Kriege ihre Karrieren. Merkel kämpfte mit der Finanzkrise, der Eurokrise, der Atomenergiekrise, der Flüchtlingskrise und schließlich der Coronakrise. Sie wurde zur »besten Vorsitzenden der SPD, welche die SPD nie hatte« – woran sich die CDU nicht störte, solange sie Wahlen gewann. Putin führte den Tschetschenien-, Georgien-, Syrien- und schließlich den Ukraine-Krieg. Merkel verabschiedete sich in den Ruhestand, bevor ihr Politikgebäude zusammenbrach. Putin präsidiert über den Niedergang nach einem verfehlten Krieg gegen die Ukraine.

Tabelle 1

ZWEI KARRIEREN AUS DEN RUINEN DES SOWJETIMPERIUMS

	ANGELA MERKEL	WLADIMIR PUTIN
1952–1954	Geboren 1954 in Hamburg, Umzug im Geburtsjahr in die DDR	Geboren 1952 in Leningrad
Bis 1990	Studium der Physik, Promotion 1986; Demokratischer Aufbruch	Abschluss in Jura 1975; dann KGB, stationiert in Dresden von 1985 bis 1990; Rückkehr nach Sankt Petersburg
1990–2000	Ministerin; Generalsekretärin der CDU	Stellvertretender Bürgermeister von Sankt Petersburg; Berufung nach Moskau; geschäftsführender Premierminister ab 1999
2000	CDU-Vorsitzende	Präsident
2005	Bundeskanzlerin	Tschetschenienkrieg von 1999 bis 2009
2008	Finanzkrise	Georgienkrieg
2010–2012	Eurokrise	
2014–2015	Flüchtlingskrise	Krieg in Syrien, Ostukraine-Konflikt, Krim-Annexion
Seit 2020	Pandemie; Rückzug aus der Politik	Ukraine-Krieg (erst ab 2022)

Beide haben den in ihren Ländern nach dem Zusammenbruch des Sowjetimperiums herrschenden Zeitgeist in Politik umgesetzt. Merkel hat das neurotische Verlangen eines durch Naziherrschaft und verbrecherischen Angriffskrieg traumatisierten Volkes nach moralischer Erhöhung und bedingungslosem Frieden bedient. Putin hat den Phantomschmerz der russischen Seele über den Zerfall des Sowjetimperiums als Auftrag gesehen, wieder ein russisches Imperium herzustellen. Wer wäre für diese Rollen besser geeignet gewesen als eine evangelische Pfarrerstochter aus der Uckermark und ein Streetfighter aus Leningrad?

Obwohl die Besetzung perfekt war, sind beide Akteure schlussendlich daran gescheitert, wovor schon der österreichische Ökonom und Finanzminister Eugen von Böhm-Bawerk im 19. Jahrhundert gewarnt hatte: am Triumph des ökonomischen Gesetzes über die politische Macht. Putin hat mit der Verfolgung seines Ziels der Wiederbelebung eines russischen Imperiums seine eigenen Erfolge bei der ökonomischen Konsolidierung der Russischen Föderation zerstört. Und Angela Merkel hat mit ihrer am Zeitgeist orientierten Politik ein fettes und träges Deutschland entstehen lassen, das in hohem Maße militärisch von Russland, wirtschaftlich von China und finanziell von der Europäischen Union erpressbar geworden ist. Folglich erzählt dieses Buch ihre Geschichte, die auch die Geschichte ihrer Zeit ist, aus der Sicht des Ökonomen.

Mit der von Olaf Scholz ausgerufenen »Zeitenwende« gehen wir nun in eine Zukunft, die einen Rückfall in die Zeit vor der unechten Friedenszeit bringen dürfte. Statt eines Siegeszugs der liberalen Gesellschaftsordnung erleben wir die Neuauflage eines Kampfs der Gesellschaftssysteme. Statt einer zunehmend integrierten Weltwirtschaft erfahren wir den Rückbau der Globalisierung zu semipermeablen Blöcken. Und statt Preisstabilität und wachsendem finanziellem Wohlstand sehen wir die Wiederkehr der Inflation, steigende Zinsen und die Verunsicherung der Finanzmärkte. Ein weiteres Mal ist der Westen gefordert, im Kampf der Systeme zu bestehen. Das wird ihm nur gelingen, wenn er sich auf seine Werte besinnt, die ihn groß gemacht haben, und zusammensteht.

Deshalb brauchen wir die Rückkehr zu einer liberalen Gesellschaftsordnung, in der die Freiheit des Einzelnen im Mittelpunkt steht, statt einer die Gesellschaft in Kollektive spaltenden Identitätspolitik. Wir brauchen die Rückkehr zur sozialen Marktwirtschaft im Sinne Ludwig Erhards, in der der Markt im Mittelpunkt steht, statt des alle Lebensrisiken übernehmenden, planenden Allversicherungsstaats. Und wir brauchen eine Geldordnung, die für kaufkraftstabiles Geld sorgt, statt einer dysfunktionalen Europäischen Währungsunion.

Das alles kann Europa nur verwirklichen, wenn Deutschland darin eine Führungsrolle übernimmt und für den Schulterschluss mit den USA sorgt. Es liegt an uns, den Bürgern, Mut zu zeigen, statt uns aus Angst vor dem großen bösen russischen Wolf mit »Mutti Olaf Merkel« hinter anderen zu verstecken.

n der Nacht vom 5. auf den 6. Dezember 1989 saß Agent Wladimir Putin in Dresden über Akten gebeugt an seinem Schreibtisch, als ein sowjetischer Wachsoldat ins Zimmer stürmte. Putin blickte fragend auf. Vor der Villa in der Angelikastraße 4 versammle sich eine wütende Menge, so berichtete der Mann aufgeregt. Die Menschen würden bald zum Sturm auf das KGB-Büro ansetzen, so wie sie es mit dem Büro der Bezirksverwaltung des Ministeriums für Staatssicherheit schon getan hätten. Die dortigen Akten hätte ein Bürgerkomitee an sich genommen. Als ranghöchstem anwesendem Offizier oblag es Putin, zu entscheiden, was jetzt zu tun war. Wie die Staatssicherheit das Büro dem Mob zu überlassen, kam für ihn nicht infrage. Er holte seine Pistole aus dem Waffenschrank und trat mit gezogener Waffe vor die aufgebrachte Menge. Wenn nötig, würde er schießen, da war er sich sicher. Sein deutlicher Auftritt hielt die Menge zwar davon ab, die Villa zu stürmen, aber sie belagerte weiter das Gebäude. Putin rief beim nahe gelegenen russischen Militärstandort an und bat um Verstärkung. Doch man wies ihn ab. Putin bekam das Gefühl, dass die Sowjetunion, der er als KGB-Agent diente, untergegangen war.

Den Untergang hatte ein österreichischer Ökonom schon im Jahr 1920, also drei Jahre nach der russischen Oktoberrevolution, prognostiziert. In einem damals erschienenen Aufsatz zeigte Ludwig von Mises, dass es in einer sozialistischen Gesellschaft keine Wirtschaftsrechnung geben kann, die zur effizienten Nutzung knapper Güter und Ressourcen unerlässlich ist.[5] Im Sozialismus kann zur Verwirklichung des »gemeinsamen Willens« nur ein einziges oberstes Kontrollorgan existieren, das alle wirtschaftlichen und anderen staatlichen Funktionen vereint. Durch die Arbeitsteilung sind Produktion und Nachfrage aber tief gegliedert. Produzenten tauschen ihre Güter untereinander und schließlich mit den Konsumenten, die ihre Arbeitskraft gegen Güter eintauschen. Sparer stellen durch Konsumverzicht frei gewordene Mittel gegen Entgelt Unternehmern zur Verfügung, die damit Kapitalgüter zur Ausweitung der Produktionsmöglichkeiten herstellen.

Wie kann dieser komplexe Tauschprozess gesteuert werden, sodass jeder erhält, was er braucht? Die Antwort gab der schottische Ökonom Adam Smith: indem eine geeignete Ware zum Tauschmittel erhoben und die Austauschverhältnisse in dieser Ware gemessen werden.[6] Dadurch werden im Tausch auf dem Markt Preise gefunden, zu denen die Kosten der Hersteller und der Nutzen der Konsumenten zum Ausgleich kommen. Die Produktion von Gütern, die mehr kosten, als sie nutzen, unterbleibt, die Produktion von Gütern, die weniger kosten, als sie nutzen, wird ausgeweitet.

Karl Marx nahm an, dass der Preis eines Guts durch die zu seiner Herstellung aufgewendete Menge an Arbeit bestimmt wird. Vom Preis der Arbeit ließen sich dann die Preise der Güter ableiten, meinte er. Da aber die Preise üblicherweise so waren, dass ein »Mehrwert« entstand, der den Unternehmern zufiel, hielt Marx die marktwirtschaftliche Produktionsweise für Ausbeutung. Die Unternehmer würden den von den Arbeitern geraubten Mehrwert nutzen, um Kapital zu akkumulieren, wodurch sie immer reicher und die Arbeiter immer ärmer würden. Am Ende würde dann der Aufstand der Arbeiter dieses System zum Einsturz bringen. So sei das eherne Gesetz der Geschichte.

Aber Arbeit ist von unterschiedlicher Qualität, ihre Produktivität kann durch den Einsatz von Kapitalgütern gesteigert werden. Und Produktionsprozesse verändern sich durch technische Neuerungen, die von Ingenieuren erfunden und von Unternehmern für den Produktionsprozess nutzbar gemacht werden. Folglich ist es unmöglich, von einem durchschnittlichen Lohn und einer durchschnittlich aufgewendeten Arbeitsmenge Güterpreise abzuleiten, die Kosten und Nutzen zum Ausgleich bringen.

Und es ist unmöglich, in diese Rechnung einen »Erfinderlohn« einzubringen, der für technischen Fortschritt sorgt. Das geht nur, wenn alle Entscheidungen über wirtschaftliche Handlungen auf dezentralen Ebenen von den Akteuren selbst getroffen werden.

Dagegen steht aber der Anspruch, der von Anhängern des Sozialismus und seiner Vollendung, dem Kommunismus, propagiert wird, keine höhere Instanz als den »gemeinsamen Willen« anzuerkennen. Da dieser »Wille« alles andere überstrahlt und aus einem Guss ist, muss er von einem zentralen Kontrollorgan durchgesetzt werden. Aufgrund des Widerspruchs zwischen der im Sozialismus ideologischen Notwendigkeit und der in der Realität ökonomischen Unmöglichkeit der Verwirklichung eines gemeinsamen Willens folgerte von Mises, dass der Sozialismus scheitern müsse.

Der österreichische Ökonom Friedrich von Hayek sah dies ebenso.[7] Für ihn stand im Vordergrund, dass Wissen über die Kosten der Produktion und den Nutzen der Güter, über die Köpfe der Produzenten und Konsumenten verteilt, oft unvollständig und von Außenstehenden nicht erfassbar ist. Im Tausch am Markt würde dieses Wissen komplettiert und sich in den Preisen widerspiegeln, so Hayek. Ohne Markt könne dieses Wissen nicht entdeckt werden, sodass eine bedarfsgerechte Produktion zu minimalen Kosten unmöglich sei.

Das Scheitern des Sozialismus und damit des Sowjetimperiums war also schon lange vorhergesagt, bevor Angela Merkel und Wladimir Putin als Untertanen dieses Imperiums geboren wurden. Sie verbrachten ihre Kindheit und Jugend und begannen ihr Berufsleben dort. Weder von ihr noch von ihm sind während dieser Zeit ernste Zweifel an der Ordnung des Sowjetimperiums bekannt. Folglich dürfte sein Kollaps für beide unerwartet gekommen sein. Das Ende des Sowjetimperiums sollte ihre Lebenswege entscheidend verändern.

Von Lenin
zu Peter

Putins Großvater väterlicherseits, Spiridon Iwanowitsch Putin, wurde in Sankt Petersburg geboren und arbeitete später als Koch, nach der Revolution zunächst für Lenin und dann für Stalin. Die Nähe zu Stalin war nicht ungefährlich. Alan Bullock, britischer Historiker und Biograf sowohl Hitlers als auch Stalins, wurde einmal gefragt, für wen er sich entscheiden würde, wenn er gezwungen wäre, mit einem der beiden in einer kleineren Runde zu Abend zu essen.[8] Bullock entschied sich für Hitler.

Seine Begründung: Würde er bei Hitler am Tisch sitzen, würde dieser wohl mit seinen Tiraden kaum einen seiner Tischnachbarn zu Wort kommen lassen. Würde er bei Stalin zu Gast sein, würde dieser wohl wenig sagen, andere zum Reden bringen und am nächsten Tag entscheiden, wer zu liquidieren wäre. Putin kommentierte die prekären Lebensumstände seines Großvaters so: »Nur wenige Menschen, die viel Zeit mit Stalin verbracht haben, sind unbeschadet davongekommen, aber mein Großvater war einer von ihnen.«[9]

Putins Vater, Wladimir Spiridonovich, wurde im Jahr 1911 in Sankt Petersburg geboren, ebenfalls im zaristischen Russland wie Putins Großvater. Eine Reihe von Niederlagen gegen deutsche Truppen im Ersten Weltkrieg bereitete den Boden für die Oktoberrevolution im Jahr 1917. Nach der Machtergreifung leitete Revolutionsführer Wladimir Iljitsch Lenin per Dekret den Übergang zu einer zentral geplanten russischen Wirtschaft ein. Geld sollte in ihr keine Rolle mehr spielen. Anfang 1918 wurden daher die Banken verstaatlicht und danach bis zum Jahr 1922 das Geld durch absichtliche Erzeugung einer Hyperinflation entwertet. Private Unternehmen wurden ohne Entschädigung der Besitzer an den Obersten Wirtschaftsrat, die zentrale Planungsbehörde für die Wirtschaft, übertragen.

Auch die Landwirtschaft wurde zentralisiert. Die Bauern hatten ihre Produkte zu staatlichen Festpreisen an die Behörden abzugeben, die dann die Verteilung an die Konsumenten übernehmen sollten. Da die Preise sehr niedrig angesetzt waren, verweigerten die Bauern die Abgabe. Lenin ließ die Produkte von bewaffneten Kommandos eintreiben, worauf die Bauern mit Widerstand und Verringerung ihrer Anbauflächen reagierten. Es kam zu Hungersnöten in den Städten, die durch den bis Ende 1921 dauernden Bürgerkrieg zwischen Lenins Parteigängern, den Bolschewiki, und den gegen die Revolution kämpfenden Weißen Truppen verschärft wurde.

> Die Ausübung von Terror ist ein jahrtausendealtes Mittel zur Herrschaft. Für Lenin und seine Bolschewiki lieferte jedoch Maximilien de Robespierre während der Französischen Revolution die Vorlage.

Nach dem Ende des Bürgerkriegs verfolgte Lenin mit Leo Trotzki, dem »Volkskommissar für das Kriegswesen«, zeitweilig eine Neue Ökonomische Politik zur Anregung der Agrarproduktion, die den Bauern einen eigenen begrenzten Handel mit ihren Erzeugnissen erlaubte. Doch er wollte so bald wie möglich zum »wirtschaftlichen Terror« als Mittel zur Steigerung der Produktion zurückkehren.

Die Ausübung von Terror ist ein jahrtausendealtes Mittel zur Herrschaft. Für Lenin und seine Bolschewiki lieferte jedoch Maximilien de Robespierre während der Französischen Revolution die Vorlage. Robespierre wollte das Volk durch Terror auf den von ihm definierten »allgemeinen Willen« verpflichten. Allerdings hatte er nicht damit gerechnet, dass sich der Terror auch gegen ihn, den Terroristen, richten kann. Er wurde geköpft. Lenin schuf mit weiser Voraussicht schon vor der Revolution im März 1917 eine Revolutionsgarde, die im Zweifelsfall auch den Revolutionär beschützen konnte.

Im Dezember 1922, gegen Ende des Bürgerkriegs, gründeten die Bolschewiki die »Union der Sozialistischen Sowjetrepubliken« (UdSSR), die weitgehend das Territorium des Russischen Kaiserreichs umfasste.[10] Schon vorher, im Mai, erlitt Lenin einen Schlaganfall, von dem er sich nicht mehr erholte. Bis zu seinem Tod im Jahr 1924 agierte er nur noch abseits der Öffentlichkeit hinter den Kulissen. Nach seinem Ableben kam es in der Partei zwischen Anhängern des Lagers um Josef Stalin und der linken Opposition um Leo Trotzki, die sich gegen Stalins Modell einer zentralisierten Kommandowirtschaft wandte, zu einem Machtkampf. Stalin gewann, Trotzki wurde von seinem Widersacher 1929 ins Exil verbannt. 1937 fand er sein letztes Asyl in Mexiko, wo er drei Jahre später von einem russischen Agenten ermordet wurde.

Ab 1927 war Stalin der alleinige Herrscher in der Sowjetunion und ließ sich ab 1929 offiziell als »Führer« bezeichnen. In seinem politischen Testament hatte ihn Lenin noch für den Posten des Parteichefs als ungeeignet befunden: »Stalin ist zu grob, und dieser Fehler, der in unserer Mitte und im Verkehr zwischen uns Kommunisten erträglich ist, kann in der Funktion des Generalsekretärs nicht geduldet werden.« Wenn aber Terror das Mittel zur Herrschaft sein sollte, war Stalin der richtige Mann.

Ab 1928 trieb er die Zwangskollektivierung der Landwirtschaft rücksichtslos voran. Von 1929 bis 1933 vernichtete er durch Verhaftungen, Enteignungen, Todesurteile und Verschleppungen die wohlhabenderen Bauern, die abschätzig Kulaken genannt wurden. Die Kollektivierung und Entkulakisierung trugen zu einer Hungersnot bei, die in der Ukraine als Holodomor in die

Geschichte einging und drei bis sieben Millionen Ukrainern das Leben kostete. Parallel dazu forcierte er die Industrialisierung.

Partei und Staat wollte er auf seine Vorstellung eines »Sozialismus in einem Land«, statt einer kommunistischen Weltrevolution, und auf eine »Verschärfung des Klassenkampfes« auf dem Weg zum Kommunismus einschwören. Wer nicht auf seiner Linie lag, wurde anfangs aus der Partei ausgeschlossen. Im Verlauf der Dreißigerjahre ließ er dann missliebige Personen mit gefälschten Vorwürfen in Schau- und Geheimprozessen zum Tod oder zu Zwangsarbeit verurteilen. Im Großen Terror von 1936 bis 1938 erreichten die politischen Säuberungen mit im Schnitt rund 1000 Morden pro Tag ihren Höhepunkt. Historiker schätzen die Gesamtzahl der den »Säuberungen« zum Opfer gefallenen Menschen auf 4,4 Millionen.[11]

Stalin war felsenfest davon überzeugt, dass Nazideutschland die Sowjetunion nie aus eigenem Antrieb angreifen würde, und verbot, die Truppen zur Abwehr eines möglichen Überfalls aufzustellen. Wer ihm widersprach, wurde liquidiert. Folglich wurde Russland von dem deutschen Angriff am 22. Juni 1941 völlig überrascht. Erst am 3. Juli fand Stalin wieder Worte und wandte sich in einer Radioansprache an seine Untertanen, in der er sie auf den Großen Vaterländischen Krieg einschwor.

Nazideutschland führte einen verbrecherischen Krieg gegen die Sowjetunion, in dem die dort lebenden Juden umgebracht und die »rassisch minderwertigen« Slawen unterworfen werden sollten, um den deutschen »Ariern« den ihnen zugesprochenen »Lebensraum im Osten« zu verschaffen. Dass sich die Rote Armee dagegen mit einer ebenfalls oft grausamen Kriegsführung zur Wehr setzte, ist verständlich. Weniger verständlich ist, mit welcher Menschenverachtung die sowjetische Führung oft ihre eigenen Truppen behandelte.

Der britische Historiker Simon Sebag Montefiore erzählt dazu: »Im Zweiten Weltkrieg wurden Minenfelder dadurch geräumt, dass man Truppen drüberlaufen ließ.«[12] In dem Kriegsfilm *Enemy at the Gates* von Jean-Jacques Annaud über den Scharfschützen Wassili Saizew, der in der Schlacht von Stalingrad kämpfte, wird gezeigt, wie dieser und viele andere Rotarmisten mit Knüppeln bewaffnet gegen deutsche Linien stürmen. Sie sollten sich die Gewehre von gefallenen Kameraden oder getöteten Feinden besorgen.[13]

Während Stalin sein Reich des Terrors schuf, heiratete Wladimir Spiridonowitsch Putin mit siebzehn Marija Iwanowna Schelomowa, die spätere Mutter Putins. Ein erster Sohn starb nur drei Monate nach der Geburt, ein zweiter Sohn wurde kurz vor dem Krieg geboren. Bei Kriegsausbruch hatte der Vater gerade seinen Wehrdienst bei der Unterseeflotte beendet und meldete sich freiwillig zur Front. Die Mutter zog mit dem Kleinkind vom Vorort Peterhof in die Stadt Leningrad, die von der deutschen Wehrmacht belagert wurde. Im Kinderheim infizierte sich der Junge mit Diphterie und starb.

Der Vater kämpfte in einer Sabotageeinheit des russischen Geheimdiensts NKWD (Narodny kommissariat wnutrennich del; Volkskommissariat für Innere Angelegenheiten) hinter den deutschen Linien. Während er mit einem Kameraden unterwegs war, wurde er schwer verwundet. Wladimir Putin berichtet dies so: »Plötzlich kam ein Deutscher aus einem Schützenloch. Der Deutsche war überrascht, und sie auch. Der Deutsche erholte sich als Erster, nahm eine Granate aus seiner Tasche, warf sie auf meinen Vater und den anderen Soldaten und ging in aller Ruhe seines Weges. Das Leben ist so eine einfache Sache, wirklich.«[14] Der Vater überlebte, wurde nach Leningrad gebracht, wo er seine Frau wiederfand. Beide überstanden die Belagerung der Stadt bis Ende Januar 1944.

Dank umfangreicher Militärhilfe von ihren Alliierten, darunter insbesondere den USA, konnte die Rote Armee die deutschen Angreifer zurückwerfen und bis nach Berlin vorrücken. Im letzten Kriegsjahr 1945 erreichte Stalin auf zwei Konferenzen mit seinen Verbündeten – Konferenz von Jalta und Potsdamer Konferenz –, dass der sowjetische Einflussbereich noch über das von der Roten Armee eroberte Gebiet hinaus erweitert wurde. Unter seiner Herrschaft erreichte die sowjetrussische Einflusszone eine weit über frühere großrussische Reiche hinausgehende Ausdehnung. Obwohl er als kommunistischer Revolutionär begann, war Stalin der erfolgreichste russische Imperialist der Geschichte.

Seine Terrorherrschaft ging auch nach dem gewonnenen Krieg gegen Nazideutschland und dem diplomatischen Sieg über die Alliierten in Jalta und Potsdam nahtlos weiter. Eine zweite Säuberungswelle, die im Jahr 1948 begann, richtete sich vor allem gegen Juden in der Sowjetunion, die kaum anders als in Nazideutschland als »wurzellose Kosmopoliten« denunziert wurden. Das Jüdische Antifaschistische Komitee (JAK), das von jüdischen Intellektuellen zur weltweiten Mobilisierung gegen Nazideutschland gegründet worden war, wurde aufgelöst, und seine Mitglieder wurden im August 1952 in der Nacht der ermordeten Dichter im Gefängnis Lubjanka in Moskau hingerichtet.

Ende 1952 erfanden Stalin und seine Schergen eine Verschwörung jüdischer Ärzte zu seiner Ermordung. Hunderte von Juden wurden verhaftet und nach Schauprozessen ebenfalls exekutiert. Noch am 1. März 1953 erkundigte sich Stalin persönlich nach dem Fortschritt der Kampagne, die ihm nicht schnell genug voranging. Am Abend erlitt er einen ersten Schlaganfall, und nach weiteren Anfällen starb er schließlich am 5. März. Wenig später erklärte die neue Staatsführung unter Nikita Chruschtschow, dass die Vorwürfe gänzlich von Stalin und seinen Seilschaften erfunden worden waren. Die noch lebenden Inhaftierten wurden freigelassen. Dafür wurde dann Michail Rjumin, ein angeblicher Helfer Stalins, hingerichtet.

Nach dem Krieg arbeitete Putin senior in einer Fabrik für Zugwaggons. Seine Frau betätigte sich als Hausmeisterin. Ein halbes Jahr vor dem Tod Josef Stalins brachte sie am 7. Oktober 1952 im Alter von einundvierzig Jahren ihren dritten Sohn Wladimir Wladimirowitsch zur Welt. Wie in der Sowjetunion üblich, sorgte die Fabrik für die Unterkunft der Familie Putin. Sie bekam ein Zimmer in einer Wohnung im fünften Stock eines typischen Sankt Petersburger Wohnhauses. Das Zimmer umfasste ungefähr zwanzig Quadratmeter, was nach damaligen Standards anständig war.

Es gab kein heißes Wasser und keine Badewanne in der Wohnung. Statt einer Küche stand ein Gasbrenner auf dem fensterlosen, dunklen Flur gegenüber dem Waschbecken. Die Toilette befand sich im Treppenhaus. Die Treppen waren ausgetreten und viele Stufen schadhaft. In den zwei weiteren Zimmern der Wohnung wohnten eine jüdische Familie mit einer erwachsenen Tochter und ein älteres Ehepaar.

Wolodja, wie ihn seine Umgebung nannte, war in jungen Jahren ein Rabauke und trieb sich in den Hinterhöfen des Wohnblocks herum. Dort lernte er, wie er später erzählte, was es heißt, »in die Enge getrieben zu werden«.[15] In den Häusern gab es eine Menge Ratten, die er mit seinen Freunden mit Knüppeln jagte. Eines Tages sah er eine große Ratte und verfolgte sie einen Korridor entlang, bis sie in einer Ecke verharrte. Es gab keine Fluchtmöglichkeit mehr. Plötzlich drehte sie sich um und attackierte ihn. Er war überrascht und bekam Angst. Die Jagd kehrte sich um: Nun jagte die Ratte ihn und nicht er sie. Er rannte die Treppe hinunter, zum Haus hinaus und schlug dem Nagetier die Tür vor der Nase zu.

In jungen Jahren war Putin kein guter Schüler. Lieber streunerte er herum und sah sich als heimlicher Anführer seiner

Gruppe. Als er erkannte, dass seine Kampfkraft nicht ausreichen würde, um sowohl auf den Hinterhöfen als auch in der Schule eine führende Rolle zu spielen, versuchte er es zunächst mit Boxunterricht, landete dann aber bei Sambo, einem damals populären, aus Judo und Ringen bestehenden Kampfsport. Judo wurde zu seiner Passion, in der er es bis zum Meister von Leningrad brachte.

In der sechsten Klasse änderte sich Putins Einstellung zur Schule. Seine Lehrerin meinte, er hätte begriffen, dass man etwas aus seinem Leben machen müsse. Er trat mit Verzögerung den Leninpionieren bei und lernte Deutsch. Nachdem er den Film *Schild und Schwert* gesehen hatte, in dem er verfolgen konnte, wie sowjetische Spione im Zweiten Weltkrieg die deutsche Spionageabwehr infiltriert und kriegswichtige Informationen erbeutet hatten, beschloss er, selbst Spion zu werden.[16]

Um herauszufinden, wie das gehen könnte, erkundigte er sich beim örtlichen Direktorat des KGB, des sowjetischen Inlands- und Auslandsgeheimdiensts. Dort bekam er den Bescheid, dass einige Zeit in der Armee oder ein Studium nötig wären und man sich nicht einfach um einen Job beim KGB bewerben könne. Auf die Frage, welches Fach denn infrage käme, meinte sein Gesprächspartner: »Irgendeines.« Aber mit welchem Fach wären die Aussichten am besten? Wohl um ihn loszuwerden, erwiderte sein Gegenüber: »Jura.« Von diesem Moment an bereitete er sich auf das Jurastudium an der Leningrader Universität vor.

Während des Studiums wartete Putin die ganze Zeit auf Nachricht von dem KGB-Mann, den er als Schüler gesprochen hatte. Im vierten Studienjahr, als er schon aufgegeben hatte, meldete sich dieser. Putin wurde am Juri Andropow Roten Banner-Institut, der späteren Akademie für ausländische Geheimdienste, aufgenommen. Allerdings wurde er dort nicht als Elitespion für den Einsatz im feindlichen Ausland ausgebildet, da ihn seine Vorgesetzten nicht in der Lage sahen, »die Folgen seiner

Entscheidungen angemessen einzuschätzen«.[17] Nach zehn Jahren
Tätigkeit in der Gegenspionage wurde Putin 1985 in die Deutsche
Demokratische Republik geschickt. Allerdings nicht ins Zentrum,
nach Ost-Berlin, sondern an die Peripherie, nach Dresden. Ljud-
mila Putina, seine Ehefrau seit 1983, war über die dortigen Verhältnisse überrascht: »Obwohl die Perestroika in der UdSSR schon
begonnen hatte, glaubten sie hier noch immer an die goldene Zukunft des Kommunismus.«[18]

Nach Stalins Tod beschloss das seit 1952 Präsidium ge-
nannte Politbüro, das höchste Führungsorgan der UdSSR, im
Interesse seiner ranghöheren Mitglieder eine personelle Ver-
kleinerung. Nachdem das Präsidium Lawrenti Beria, den von
allen gefürchteten Geheimdienstchef, hatte verhaften und dann
mit anderen führenden Geheimdienstlern erschießen lassen,
begann der Aufstieg von Nikita Chruschtschow zunächst zum
Ersten Sekretär des Zentralkomitees und anschließend zum
Vorsitzenden des Ministerrats. Unter ihm wurden der Personen-
kult und die Terrorherrschaft Stalins abgeschafft und im Umfang begrenzte Reformen in Wirtschaft, Gesellschaft und Kultur
durchgeführt, ohne aber das System insgesamt infrage zu stellen. Folglich ging die wirtschaftliche Misere aufgrund der dysfunktionalen Wirtschaftsordnung weiter.

Die Wirtschaft der UdSSR wurde, wie schon früher die Wirtschaft Russlands, vom primären Sektor bestimmt, zu dem die
Landwirtschaft und die Rohstoffproduktion zählen. Die Speziali-
sierung auf die Produktion von Gütern des primären Sektors muss
kein Nachteil sein, wenn diese effizient erfolgt und die Preise für
die Güter einträglich sind. Dann kann das Land Güter des primären Sektors gegen die des sekundären und tertiären Sektors,
also verarbeitete Güter und Dienstleistungen, tauschen. Doch
die Planwirtschaft in der Sowjetunion machte eine effiziente Produktion unmöglich. Gleichzeitig sanken die Preise der Güter des

Primärsektors gegenüber Gütern der anderen Sektoren im Zuge des globalen Produktivitätsfortschritts im Trend ab.

1963 war die Produktion von Weizen mit 483 Kilogramm pro Kopf der Bevölkerung niedriger als im Russland des Jahres 1913, als sie 540 Kilogramm betrug. Außer der gewaltsamen Kollektivierung der Landwirtschaft spielte eine Rolle, dass die planwirtschaftlich vorangetriebene Industrialisierung die Abwanderung vom Land in die Städte beförderte. So stieg zwischen 1930 und 1970 der Anteil der Stadtbevölkerung an der gesamten Bevölkerung von 20 Prozent auf 56 Prozent.

In den kapitalistischen Ländern gab es im Zuge der Industrialisierung eine ähnliche Wanderung vom Land in die Stadt. Nur wurde diese vom Anstieg der Produktivität in der Landwirtschaft begleitet, sodass die schrumpfende Landbevölkerung die wachsende Stadtbevölkerung mühelos mit Nahrungsmitteln versorgen konnte. In der UdSSR ging aber die Zunahme der Stadtbevölkerung mit einem Rückgang der Produktivität in der Landwirtschaft einher. Die Folge davon war ein chronischer Mangel an Nahrungsmitteln.

Unter Stalin verhungerten Millionen von Menschen, und staatlicher Terror erstickte jeden Widerstand im Keim. Unter Chruschtschow und seinen Nachfolgern gab es zwar staatlichen Zwang, aber keinen der Stalinzeit vergleichbaren Terror. Folglich entwickelte sich der Mangel an Nahrungsmitteln zu einem politischen Problem. 1962 kam es zu einem Aufstand gegen hohe Nahrungsmittelpreise in der Industriestadt Nowotscherkassk, 1000 Kilometer südlich von Moskau, gelegen an der Eisenbahnstrecke Moskau – Rostow am Don – Sotschi. Besonders schockierend war es für die Sowjetführung, dass sich die zur Niederschlagung des Aufstands gerufenen Truppen dem Befehl widersetzten, auf die Demonstranten zu feuern.

Weitere Unruhen wegen steigender Nahrungsmittelpreise in Polen in den Jahren 1970, 1976 und 1980 überzeugten die Sowjetführung, dass sie für ein ausreichendes Angebot an Lebensmitteln zu sorgen hatte, wollte sie einen Umsturz vermeiden. Um die Lücke zwischen Angebot und Nachfrage zu füllen, wurden Russland (und die anderen Staaten der UdSSR) von Exporteuren von landwirtschaftlichen Produkten vor der Oktoberrevolution zu Importeuren danach (GRAFIK 1).

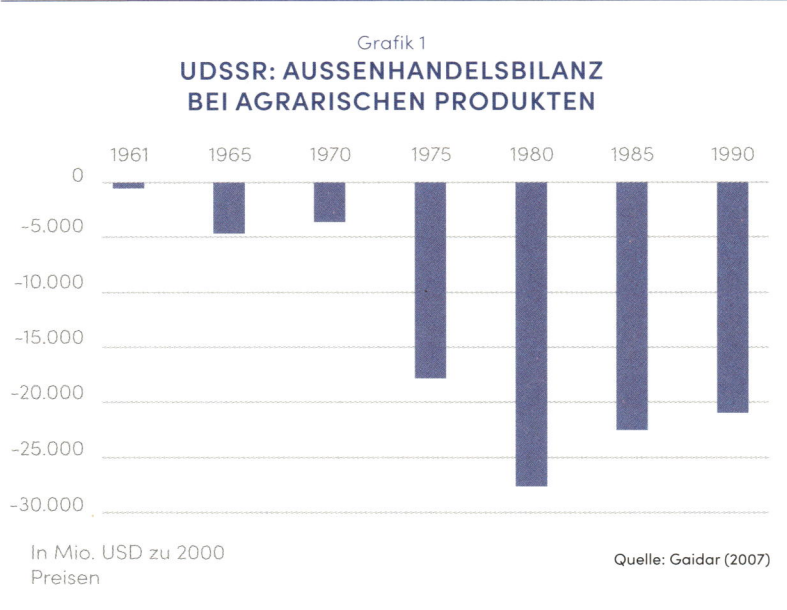

Grafik 1
UDSSR: AUSSENHANDELSBILANZ
BEI AGRARISCHEN PRODUKTEN

In Mio. USD zu 2000 Preisen

Quelle: Gaidar (2007)

Für sich genommen ist ein Handelsbilanzdefizit bei agrarischen Produkten kein Problem. Schließlich kann ein Handelsbilanzüberschuss bei anderen Gütern ein außenwirtschaftliches Gleichgewicht herstellen. Im Fall der Sowjetunion kam der sekundäre Sektor, der verarbeitete Güter herstellt, aufgrund geringer

Produktivität dafür aber nicht infrage. So förderte die Sowjetunion achtmal so viel Eisenerz wie die USA. Daraus wurde dann dreimal so viel Eisen und die doppelte Menge Stahl. Aus diesem Stahl wurden am Ende ungefähr ebenso viele Maschinen hergestellt wie in den USA.

Da es außerdem keinen tertiären Sektor gab, der handelbare Dienstleistungen hätte herstellen können, blieben nur andere Produkte des primären Sektors zum notwendigen Eintausch gegen agrarische Erzeugnisse auf dem Weltmarkt. Zum Glück war im September 1953 in Westsibirien die erste Ölquelle erschlossen, und in den Jahren 1961 bis 1965 waren weitere Ölvorräte entdeckt worden. Damit schien die Antwort auf die Probleme in der Landwirtschaft gefunden: Mit Ölexporten würde die Rechnung für Nahrungsmittelimporte bezahlt werden können.

Die Qualität des Öls war gut und die Nachfrage danach im Ausland stark. Folglich wurde die Förderung so schnell ausgeweitet wie irgend möglich. Gegen Ende der Siebziger- und Anfang der Achtzigerjahre gaben die für die Förderung verantwortlichen Funktionäre jedoch zu bedenken, dass die enorme Steigerung der Produktion die Ölquellen schädigen und den langfristigen Ertrag verringern könnte. Aber die Notwendigkeit, die Versorgung mit Nahrungsmitteln sicherzustellen, erlaubte keine nachhaltige Nutzung. »Mit Brot ist es schlecht bestellt. Gib mir drei Millionen Tonnen über den Plan«, wies Ministerpräsident Alexei Kossygin den Chef der Behörde für die Öl- und Gasproduktion an, als seine Wirtschaftsreformen in den Siebzigerjahren nicht den gewünschten Erfolg brachten.[19]

Gegen Ende der Siebziger ließ sich die Fördermenge nicht mehr so schnell steigern wie in den Jahren zuvor, da die Investitionen zum Erhalt bestehender und zur Exploration neuer Quellen zu gering waren. Doch weil die Ölpreise mit der Revolution im Iran neue Höhen erreichten, blieben die Exporterlöse hoch. Die sprudelnden Deviseneinnahmen aus den Ölexporten erlaubten zwar die Versorgung der Bevölkerung mit importierten Lebensmitteln, sie reichten aber für das Wettrüsten mit den USA sowie für militärische Abenteuer wie den Krieg in Afghanistan nicht aus. Folglich verschuldete sich die Sowjetführung im Ausland und begann, zur Finanzierung des Staatshaushalts mehr neues Geld zu drucken (GRAFIK 2):

Grafik 2
VERSCHULDUNG DER UDSSR IM AUSLAND

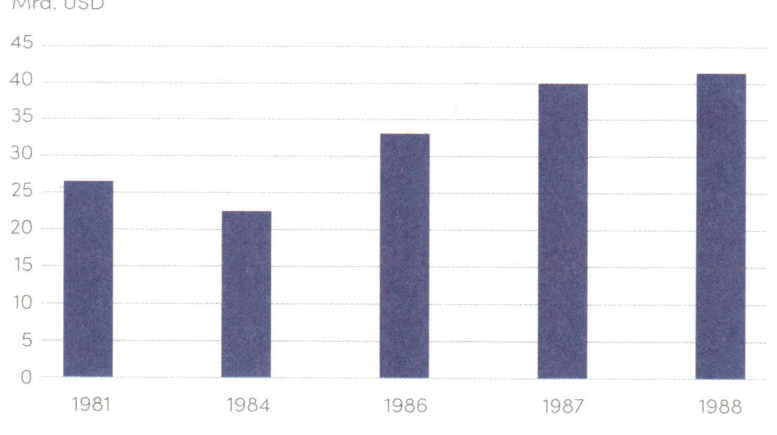

Quelle: Gaidar (2007)

Anfang der Achtzigerjahre hingen Wohl und Wehe der Sowjetwirtschaft von der Ernte in der Landwirtschaft, der Fördermenge der vorhandenen Ölquellen und dem Ölpreis auf den Weltmärkten ab. Wenn auch nur einer dieser Stützpfeiler nachgeben sollte, würde das ganze Haus wanken. In der ersten Hälfte dieses Jahrzehnts fiel jedoch der Ölpreis um mehr als ein Drittel. Zwar hatte KGB-Chef Juri Andropow versucht, den Ölpreis zu manipulieren, indem er Attacken der Palästinensischen Befreiungsfront (PLF) auf Öllager und Förderanlagen im Nahen Osten finanzierte, doch die iranische Revolution und der sowjetische Afghanistankrieg jagten den Golfstaaten Angst ein. Sie suchten Schutz bei den USA – und ließen dafür den Ölpreis sinken. Unglücklicherweise machte sich nun auch die Vernachlässigung der sowjetischen Ölquellen bemerkbar, und die Produktion begann im Verlauf der Achtzigerjahre nachzulassen.

Mit dem Verfall der Ölpreise fiel die Sowjetunion in die alte Mangelwirtschaft zurück. Unter Stalin sorgte Terror dafür, dass niemand dagegen aufbegehrte. Unter seinen Nachfolgern Chruschtschow (1953 bis 1964) und Leonid Iljitsch Breschnew (1964 bis 1982) war das Regime weniger blutrünstig und daher anfälliger für eine allgemeine Unzufriedenheit. Damit diese beherrschbar blieb, griff die Regierung zur Verschuldung nach außen und zur monetären Finanzierung staatlicher Haushaltsdefizite. Die steigende Auslandsverschuldung machte die Sowjetunion zunehmend abhängiger vom Wohlwollen ihrer westlichen Gläubiger, während die monetäre Staatsfinanzierung zu unfreiwilligen Geldersparnissen der Bevölkerung führte (GRAFIK 3). Solange die Preise staatlich kontrolliert blieben, kam es durch eine informelle Rationierung zum Ausgleich zwischen Angebot und Nachfrage.

Breschnew, der im November 1982 starb, folgten zwei alte, schon bei ihrem Amtsantritt dem Tod geweihte Männer an der Spitze des Staates. KGB-Chef Juri Andropow blieb fünfzehn Monate im Amt und starb im Februar 1984. Sein Nachfolger, der Breschnew-Vertraute Konstantin Tschernenko, schaffte dreizehn Monate, bis er im März 1985 verschied. Die Zeit für einen Generationswechsel schien nun mehr als reif, sodass der als Reformer bekannte und schon von Andropow favorisierte Michail Gorbatschow vom Zentralkomitee der Kommunistischen Partei der

Grafik 3
GELDERSPARNISSE IN DER UDSSR

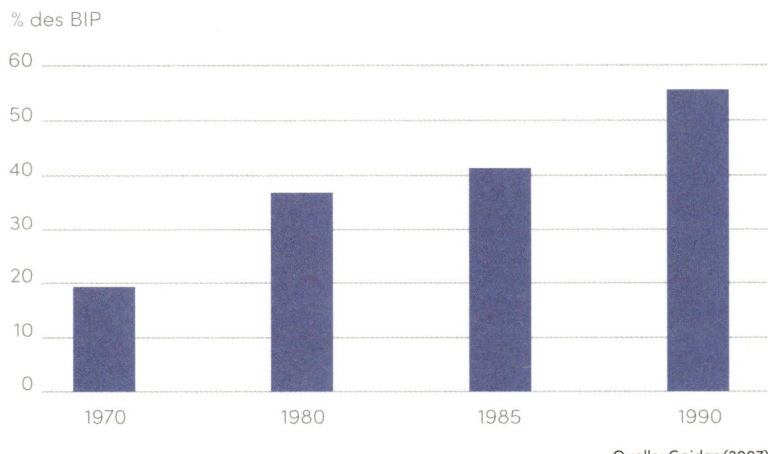

Quelle: Gaidar (2007)

Sowjetunion zum Generalsekretär gewählt wurde. Mit vierund-
fünfzig Jahren war er der zweitjüngste Chef der KPdSU.

Kurz nach Gorbatschows Amtsantritt kam Wladimir Putin
mit seiner Frau und der gerade geborenen Tochter Maria nach
Dresden. Nach eigener Aussage bestand seine Aufgabe darin, den
sogenannten Hauptgegner, das westliche Verteidigungsbünd-
nis NATO, auszukundschaften. Dazu gehörte das Sammeln von
Informationen über politische Parteien, über die Strömungen in
diesen Parteien, die amtierenden Parteiführer und ihre möglichen
Nachfolger. Dazu war es nötig, Agenten zu rekrutieren und die von
ihnen gelieferten Informationen auszuwerten. »Es war einfache
Routinearbeit«, fasste Putin später seine Tätigkeit zusammen.[20]

Man kann diese Aussage bezweifeln, denn der Eindruck, dass
Dresden ein unbedeutender Hinterhof für die Geheimdienste war,

täuscht. Sowohl der Staatssicherheitsdienst der DDR, die Stasi, als auch der KGB waren an technischen Entwicklungen westlicher Firmen brennend interessiert, um im Systemwettbewerb mithalten zu können. Außerdem hatte der Bereich Kommerzielle Koordinierung des Ministeriums für Außen- und Innerdeutschen Handel der DDR, kurz KoKo, die Aufgabe, Devisen mit allen legalen und illegalen Mitteln über die Möglichkeiten des normalen Außenhandels hinaus zu beschaffen und Handelsembargos des Westens zu unterlaufen. Dresden war zudem der Standort von Robotron, dem Computerhersteller der DDR, und daher ein geeigneter Umschlagplatz für die Industriespionage im Technologiebereich. Für die KoKo war es ein guter Ort, um unter Exportembargo stehende westliche Hochtechnologiegüter ins Land zu schmuggeln.

Die KGB-Agenten wurden von ihren Stasi-Kollegen über alle Transaktionen informiert und bauten ein eigenes Netz an Informanten auf. Putin soll in die Rekrutierung von westlichen Wissenschaftlern und Geschäftsleuten zum Schmuggel westlicher Technologie in den Ostblock involviert gewesen sein.[21] Dabei arbeitete er eng mit einem Stasi-Mitarbeiter namens Matthias Warnig zusammen und organisierte mit diesem eine KGB-Zelle unter dem Deckmantel einer Unternehmensberatung. Warnig, der später Geschäftsführer der in der Schweiz ansässigen Nord Stream 2 AG wurde, gehört seither zum engeren Kreis um Putin.

Zu den Aufgaben der östlichen Geheimdienste zählte nicht nur die Ausforschung des Hauptgegners, sondern auch dessen Bekämpfung durch innere Zersetzung. Dazu unterstützten sowohl der KGB als auch die Stasi Terrorgruppen, die Regierung und Gesellschaft in ihren Heimatländern bekämpften. In Deutschland spielte die Rote Armee Fraktion (RAF), die aus dem westdeutschen linken Studentenmilieu der späten Sechziger hervorgegangen war, eine wichtige Rolle.

Zu den Aufgaben der östlichen Geheimdienste zählte nicht nur die Ausforschung des Hauptgegners, sondern auch dessen Bekämpfung durch innere Zersetzung.

Die Stasi bildete Mitglieder der RAF im Umgang mit Sprengstoffen und Waffen aus und schuf für sie Ruheräume in der DDR. Dresden war die Stadt, in der man sich traf. Die britische Publizistin Catherine Belton berichtet aus einem Interview, das sie mit einem ehemaligen RAF-Mitglied führte, dass die Treffen mit Agenten der Stasi und des KGB in einem »sicheren Haus« stattfanden. Dort machten die Agenten Vorschläge, wie die RAF-Mitglieder Anschläge durchführen konnten, und arrangierten die Versorgung mit Waffen. Putin nahm an diesen Treffen teil, angeblich sogar in einer leitenden Funktion, in der er Weisungen an Stasi-Generäle geben konnte.[22] Die Initiative für die Ermordung von Alfred Herrhausen 1989 – damals war Herrhausen Chef der Deutschen Bank – sei vom KGB in Dresden ausgegangen, so das frühere RAF-Mitglied.

Anders als die westlichen Geheimdienste erkannten ihre östlichen Gegenspieler schon früh, dass die sowjetische Planwirtschaft dem Untergang geweiht war, und fürchteten, dass der wirtschaftliche Kollaps zu einem politischen Umsturz führen könnte. In den frühen Achtzigerjahren schmiedeten sie am Moskauer Institut für Weltwirtschaft und internationale Beziehungen Pläne, wie die Ökonomie durch die Einführung marktwirtschaftlicher Elemente gestützt und die politische Kontrolle behalten werden könnte. Gorbatschow war von diesen Überlegungen beeinflusst, als er mit seiner Reformpolitik begann. Doch die

KGB-Männer hatten Zweifel an seinem Erfolg und bereiteten sich auf den Untergang vor. Markus Wolf, der legendäre Chef der Stasi-Auslandsspionage, sah dies ähnlich.

Wolf, der im Jahr 1986 offiziell die Stasi verlassen hatte, aber heimlich weiterhin von ihr ein Gehalt bezog, lud zu regelmäßigen Treffen mit den KGB-Männern in seine Berliner Wohnung ein, um über Wirtschaftsreformen und eine begrenzte Liberalisierung des politischen Systems zu debattieren, das die Geheimdienste weiterhin verdeckt lenken könnten. Die Geheimdienstler schienen zu hoffen, dass Hans Modrow, Parteichef der Sozialistischen Einheitspartei (SED) im Bezirk Dresden, für die DDR eine ähnliche Rolle wie Gorbatschow für die UdSSR spielen könnte. Nach eigenen Aussagen traf Putin Modrow mehrmals, jedoch nur bei offiziellen Empfängen. Auch Wolf bestritt, dass Putin Mitglied der Gruppe gewesen wäre, und spielte die Verleihung einer Medaille für Verdienste um die DDR-Volksarmee an ihn herunter. Der westdeutsche Verfassungsschutz schien jedoch an eine Verbindung zu glauben.[23]

Den schnellen Verschleiß zweier sowjetischer Staatschefs der alten Generation zwischen 1982 und 1985 konnte man als Wink des Schicksals sehen, dass grundlegende Reformen nötig waren, um die Sowjetunion zu erhalten. Gorbatschow wollte dies mit *Glasnost* (Offenheit) und *Perestroika* (Umstrukturierung) umsetzen. Durch die Gewährung einiger politscher Freiheiten sollte die Gesellschaft befriedet und durch die Einführung einiger marktwirtschaftlicher Elemente die Wirtschaft gestärkt werden.

Gleich nach seinem Amtsantritt verkündete Gorbatschow seine Absicht zu Reformen. Außerdem beschloss das Zentralkomitee der KPdSU »Maßnahmen zur Überwindung der Trunksucht und des Alkoholismus«. Diese Volkskrankheit hatte die Lebenserwartung von Männern von dreiundsechzig Jahren Ende der Sechziger auf einundsechzig Jahre 1983 verringert. Ab Juni

1985 wurde der Verkauf von Alkohol deutlich eingeschränkt. Doch die Umsetzung der Wirtschaftsreformen begann erst 1987. Im Januar kam der Anstoß zu politischer Öffnung und im Juni der Beschluss von Wirtschaftsreformen.

Auf der politischen Ebene sollten freie Wahlen, Gewaltenteilung und Rechtsstaatlichkeit den Bürgern größere Freiheitsräume geben. Gleichzeitig sollten aber die privilegierte Stellung der Kommunistischen Partei und die sozialistische Gesellschaftsordnung erhalten werden. Auf der wirtschaftlichen Ebene war beabsichtigt, dass die Unternehmen mehr Gestaltungsmöglichkeiten bei der Produktion bekamen und sie für ihre Finanzen selbst verantwortlich zu sein hatten. Statt von der Zentralregierung, so die Vorstellung, würden die Unternehmen von gewählten Arbeiterkollektiven beaufsichtigt.

Gosplan, das staatliche Planungskomitee, sollte statt detaillierter Produktionspläne nur noch allgemeine Richtlinien festlegen und vorrangige Investitionen im nationalen Interesse anordnen dürfen. Private Dienstleistungsbetriebe wie Restaurants oder Ladengeschäfte konnten als Genossenschaften entstehen. Das Handelsmonopol des Außenhandelsministeriums wurde abgeschafft und der Außenhandel in die Zuständigkeit der Fachministerien und Wirtschaftsorganisationen gebracht. Ausländische Investoren konnten sich in Joint Ventures an inländischen Betrieben beteiligen.

Für sowjetische Politiker und Wirtschaftsfachleute war Gorbatschows Reformprogramm radikal. Tatsächlich war es aber halbherzig und inkonsistent. Die politische Liberalisierung wurde dadurch verwässert, dass der KPdSU eine Führungsrolle gesichert und die Gesellschaft auf den Sozialismus verpflichtet blieb. Freiheit wurde daher nur eingeschränkt gewährt. Die Effekte der ökonomischen Reformen mussten verpuffen, weil der elementare Steuerungsmechanismus einer Marktwirtschaft, die freie Preisbildung am Markt, fehlte. Die Preise wurden weiterhin staatlich festgelegt. Wie von Friedrich von Hayek und Ludwig von Mises erklärt, fehlten den Anbietern dadurch die für eine bedarfsgerechte Produktion nötigen Informationen. Eine effektive Wirtschaftsrechnung war so unmöglich.

Die Einschränkung des Verkaufs von Alkohol führte zwar zu einem Anstieg der Lebenserwartung für Männer auf knapp vierundsechzig im Jahr 1988. Aber die Maßnahme war nicht nur extrem unpopulär, sondern riss auch aufgrund des Wegfalls der Alkoholsteuern ein Loch von rund zehn Milliarden Rubel jährlich in die Staatskasse. Die Arbeitsproduktivität litt, weil viele Werktätige Zeit mit der Jagd auf Schnaps verbrachten oder sich mit Schwarzbrennen beschäftigten. Es kam zu Hamsterkäufen von Zucker zur privaten Alkoholproduktion, und die Bandenkriminalität stieg. Zahnpasta zur Neutralisierung von Alkoholfahnen wurde knapp.

Aufgrund ihrer inneren Widersprüchlichkeiten waren Glasnost und Perestroika schon von vornherein zum Scheitern verurteilt. Für den Umstand, dass es dafür nur drei Jahre brauchen sollte, waren drei weitere Stolpersteine verantwortlich. Erstens war die russische Gesellschaft auf die Schocktherapie vollkommen unvorbereitet. Seit Beginn des Ersten Weltkriegs hatte es in Russland keine Marktwirtschaft mehr gegeben, sodass sowohl den Eliten als auch den normalen Bürgern jedes Grundverständnis für die Funktionsweise dieser Wirtschaftsordnung fehlte.

Über die Führungsschicht urteilte Jegor Gaidar, Wirtschaftsminister in der Regierung Boris Jelzins, folgendermaßen: »Sie verstanden weder die Funktionsweise des Weltmarkts noch die Zusammenhänge zwischen der Außenhandelsbilanz, dem Haushalt und der Nahrungsmittelversorgung, und sie konnten die strategischen Bedrohungen, denen das Land ausgesetzt war, nicht einschätzen.«[24] Und »die Entwicklung der Viehzucht wurde auf höchster Ebene häufiger diskutiert als der Staatshaushalt«.[25]

Aufgrund ihrer inneren Widersprüchlichkeiten waren Glasnost und Perestroika schon von vornherein zum Scheitern verurteilt.

Zweitens entfesselte die politische Liberalisierung, obwohl sie sehr zögerlich blieb, enorme regionale Zentrifugalkräfte innerhalb der UdSSR. Artikel 26 des 1922 geschlossenen Vertrags zur Union sowjetischer sozialistischer Republiken gab jedem Staat das Recht, aus der Union wieder auszutreten. In einem Aufsatz aus dem Jahr 2021 sah Putin darin einen Kardinalfehler: »Damit haben die Autoren im Fundament unserer Staatlichkeit die gefährlichste Zeitbombe gelegt, die in dem Moment explodierte, in dem der Sicherheitsmechanismus, den die führende Rolle der KPdSU bot, wegfiel und die Partei selbst von innen heraus kollabierte. Es folgte eine ›Parade der Souveränitäten‹«.[26] Das kann man so sehen, wenn man die Existenz der UdSSR über das Selbstbestimmungsrecht der Mitgliedsländer setzt. Nur wäre eine solche Position nicht mit Gorbatschows Glasnost zu vereinbaren gewesen. Ohne gewaltsamen Zwang war die UdSSR nicht zu halten.

Drittens spielte die Entwicklung des Ölmarkts nicht mit. Von 1985 bis 1991 sank der Dollarpreis für Öl auf dem Weltmarkt um 27 Prozent. Gleichzeitig sanken die Produktion und Exporte von russischem Öl um 14 beziehungsweise 48 Prozent. Jetzt rächte sich, dass sich die Regierung auf Einnahmen aus der Produktion und dem Export von Öl verlassen hatte, um Staatsausgaben und den Import von Nahrungsmitteln zu finanzieren. Da Steuereinnahmen und Devisenerlöse sanken, blieb nur der Weg in die Verschuldung zur Deckung von Haushalts- und Handelsbilanzdefiziten. Im Inland finanzierte sich der Staat über die Geldschaffung, aus dem Ausland holte er sich Kredite in Fremdwährung.

Im weiteren Verlauf der Amtszeit Gorbatschows geriet die UdSSR in einen Abwärtsstrudel, aus dem es kein Entkommen mehr gab. Die unübersehbaren Probleme der Wirtschaft und das steigende Außenhandelsdefizit schreckten ausländische Kreditgeber ab und machten die notwendige Aufnahme neuer Kredite in Hartwährungen immer schwieriger. Die Zahlungsrückstände stiegen, und westliche Banken verweigerten weitere Kredite ohne die Garantie ihrer Regierungen. Der UdSSR drohte die Zahlungsunfähigkeit gegenüber ihren ausländischen Gläubigern. Im Inland hing ein enormer Geldüberhang wie eine schwere Gewitterwolke über der Wirtschaft, der sich in einer galoppierenden Inflation entladen würde, sobald die Preiskontrollen nicht mehr zu halten waren.

Im Grunde gab es für die Sowjetführung nur noch den Ausweg, die Völker der UdSSR mit Repression in die Verarmung zu zwingen und sich nach einem Zahlungsausfall den Westen mit einem neuen Kalten Krieg vom Hals zu halten. Diesen Weg wollte Gorbatschow zum Glück nicht gehen. Mit dem Abzug der Truppen aus Afghanistan im Februar 1989 sandte er ein Signal aus, dass die Zeit der gewaltsamen Unterdrückung ihrem Ende zuging. Folglich begann das Sowjetimperium von den Rändern her zu zerbröckeln.

Im März 1989 gab es die ersten freien Wahlen zum Kongress der Volksdeputierten, dem sowjetischen Parlament. Im Juni folgten freie Wahlen in Polen. Im Sommer besetzten emigrationswillige DDR-Bürger die westdeutschen Botschaften in Prag, Warschau und Budapest. Im September durften sie aus Ungarn nach Westdeutschland ausreisen. Im Oktober rief die ungarische Regierung die unabhängige Republik aus. Dem folgte in der Tschechoslowakei im November die »Samtene Revolution«. Im selben Monat öffnete Günter Schabowski, Mitglied des Politbüros der DDR, unabsichtlich die Berliner Mauer und leitete damit die deutsche Wiedervereinigung ein.

Nach dem Mauerfall stürmten DDR-Bürger das Ministerium für Staatssicherheit in Ost-Berlin und die Stasi-Niederlassungen in anderen Städten, um die Berichte von Stasi-Spitzeln und das Repressionsregime belastenden Unterlagen vor der Vernichtung durch die Stasi-Mitarbeiter zu bewahren. Sie fanden sich auch vor dem KGB-Büro in Dresden ein. Für Putin war es eine Sache, wenn die Leute Stasi-Büros besetzten, aber ein andere, wenn sie ein KGB-Büro stürmen wollten. »Wir waren gezwungen, zu zeigen, dass wir unser Büro verteidigen würden«, erinnerte er sich.[27]

Als er bei einem russischen Militärstandort um Verstärkung bat, sagte man ihm: »Wir können nichts ohne Befehle von Moskau unternehmen, und ›Moskau ist still‹.« Schließlich kamen doch noch russische Soldaten, und die Menge zerstreute sich. »Aber diese Sache mit ›Moskau ist still‹ – ich bekam das Gefühl, dass das Land nicht mehr existierte. Dass es verschwunden war. Es war klar, dass die Union krank war. Und sie hatte eine unheilbare Krankheit, die zum Tode führen würde – eine Lähmung der Macht.«[28]

In den folgenden zwei Jahren zerfiel das Imperium dann tatsächlich mit atemberaubender Geschwindigkeit. Noch im März 1990 wurde Gorbatschow zum ersten Präsidenten der UdSSR gewählt. Im selben Monat begann aber auch eine Austrittswelle aus der Sowjetunion, die mit ihrer Auflösung am 31. Dezember 1991 endete. Damit waren jedoch die Wirtschaftsprobleme nicht gelöst. Im Gegenteil, sie wurden schlimmer. Nach Schätzungen des Internationalen Währungsfonds (IWF) erreichte das Haushaltsdefizit der Sowjetunion im letzten Jahr ihres Bestehens schier unglaubliche 30 Prozent des Bruttoinlandsprodukts.

Russlands neuer Präsident, Boris Jelzin, erkannte, dass sich die Angebotsknappheit nur auflösen würde, wenn er die Preise freigab. Die Konsumenten hatten die Wahl: niedrige Preise für nicht vorhandene Güter oder hohe Preise für Güter im Angebot. Er entschied sich für die zweite Lösung. Mit der Freigabe der Preise schoss die Inflation in die Höhe und erreichte mit einer Jahresrate von 2507 Prozent im Dezember 1992 ihren Höhepunkt. Dadurch wurden die Geldersparnisse der Bevölkerung entwertet und die reale Nachfrage dem Angebot angepasst.

Die vierstelligen Inflationsraten verschwanden zwar Ende 1993, aber es dauerte bis Anfang 1996, bis sie zweistellig wurden. Ein wichtiger Grund für die längere Zeit andauernde hohe Inflation war die weiterhin unkontrollierte Geldschöpfung. Die sowjetische Zentralbank Gosbank verschwand zwar mit der Sowjetunion, aber ihre Funktion wurde von der russischen Zentralbank Rossija übernommen. Eine zweistellige Zahl der Nachfolgestaaten, vor allem die Mitgliedsländer der Ende 1991 gegründeten Gemeinschaft Unabhängiger Staaten (GUS), behielt den Rubel. Da die Geldschaffung jedoch nicht exklusiv bei der Bank Rossija lag, konnten die Länder der Rubelzone ihre Staatshaushalte finanzieren, indem sie ihre eigenen Zentralbanken anwiesen, neue Rubel zu schaffen. Auf diese Weise konnten sie von dem sogenannten Cantillon-Effekt profitieren.

Der irische Bankier und Geldtheoretiker Richard Cantillon hatte im 18. Jahrhundert erkannt, dass von der Geldvermehrung profitiert, wer neues Geld in Umlauf bringt, und durch sie verliert, wer Geldbestände hält. Denn mit neuem Geld kann man Waren zu den gegebenen Preisen kaufen, während man aufgrund der durch die zusätzliche Nachfrage ausgelösten Preissteigerungen mit vorhandenen Geldbeständen später nur noch eine geringere Menge an Waren bekommt. Die Mitgliedsländer der Rubelzone machten sich diesen Effekt zunutze.

Besonders die kleineren Länder schufen neues Geld um die Wette, um Staatsausgaben zu finanzieren. Russland, in dem das Verhältnis von neuem Geld zu vorhandenen Geldbeständen geringer war, musste zusehen, wie die Kaufkraft seiner Bürger durch die

Inflation dahinschwand. Schließlich trat das Land im Juli 1993 aus der Rubelzone aus, wodurch diese für die anderen Mitgliedsländer ihren Wert verlor und wenig später aufhörte zu existieren. Nachdem die Bank Rossija die Hoheit über die Geldschöpfung in Russland übernommen hatte, konnte die Inflation fallen.

Putin wurde im Januar 1990 in die UdSSR zurückbeordert. Ihm wurde eine Stelle beim KGB in Moskau angeboten. Doch er lehnte ab, weil er für sich dort keine Zukunft sah. Er erkannte, dass die UdSSR zerfallen würde. Deshalb entschloss er sich, nach Leningrad, dem einstigen Sankt Petersburg, zurückzukehren und an der Universität, an der er Jura studiert hatte, eine Dissertation zu beginnen. Seine Beschäftigung beim KGB ruhte, aber sein Gehalt wurde weiterbezahlt.

In Leningrad traf er auf Anatoli Sobtschak, einen Juraprofessor, bei dem er früher Vorlesungen gehört hatte. Sobtschak war Vorstand des Leningrader Stadtrats und stellte ihn als Leiter des städtischen Komitees für Außenbeziehungen ein. Früher hingen in den Büros der Stadtverwaltung Porträts von Lenin oder dessen Mitkämpfer Sergei Kirow. Nun hatten die meisten Angestellten diese gegen ein Porträt von Jelzin ausgetauscht. Putin wählte dagegen eines von Peter dem Großen, der Russland modernisiert und auf den Weg zur europäischen Großmacht gebracht hatte. Dass dies keineswegs eine Eingebung des Augenblicks war, sollte sich drei Jahrzehnte später erweisen.

Bei einem Treffen mit Nachwuchskräften anlässlich des Sankt Petersburger Internationalen Wirtschaftsforums vom 15. bis 18. Juni 2022 stellte sich Putin in die Fußstapfen Peters. Im einundzwanzig Jahre währenden Nordischen Krieg hätte dieser Schweden das Land abgerungen, auf dem Sankt Petersburg errichtet wurde. Das sei aber nicht die Eroberung fremden Landes, sondern die Rücknahme von den Russen zustehendem Land gewesen, so Putin. »Nun ist es auch uns zugefallen, Land

zurückzuholen und zu befestigen.« Gemeint war damit sein Angriffskrieg gegen die Ukraine.[29]

Von Templin
nach Berlin

Die Vorfahren Angela Merkels zogen von Ost nach West und
den halben Weg wieder zurück. Ihr Großvater väterlicherseits, Ludwig Kaźmierczak, wurde 1896 in Posen (Posnań) im heutigen Polen
geboren, begab sich dann nach Berlin und änderte seinen Namen
in Kasner. In Berlin wurde ihr Vater Horst geboren, der von dort
über mehrere Wohnorte im Westen Deutschlands nach Hamburg
gelangte, wo er die zwei Jahre jüngere Latein- und Englischlehrerin
Herlind Jentzsch heiratete und Angela Merkel 1954 zur Welt kam.
Einen Tag vor der Geburt war Horst Kasner als Gemeindepfarrer
wieder nach Osten in das Dorf Quitzow in der DDR gezogen. Ehefrau und Tochter folgten ihm nach sechs Wochen.

Man musste schon überzeugter Kommunist oder, wie im
Fall Kasner, Theologe sein, um in dieser Zeit in Deutschland vom
Westen in den Osten auszuwandern. Denn die Deutsche Demokratische Republik erwies sich wirtschaftlich alles andere als ein
Erfolgsmodell. Und persönliche und politische Freiheit wurde in
der DDR, in der im Widerspruch zu ihrem Namen weder Demokratie herrschte noch das Volk regierte, ohnehin kleingeschrieben.

Nach der Staatsgründung 1949 folgte die Wirtschaftspolitik
der DDR zunächst einem Zweijahresplan, der 1951 vom ersten
Fünfjahresplan abgelöst wurde. Die Wirtschaft wurde auf der
Grundlage dieses Plans, der marxistisch-leninistischen Lehre

folgend, als Zentralverwaltungswirtschaft geführt. Die meisten privaten Betriebe in der Landwirtschaft, im verarbeitenden Gewerbe und im Dienstleistungsbereich wurden enteignet und in Staatsbesitz überführt. Die Staatliche Plankommission (SPK) bestimmte, was sie herzustellen hatten. Nur ein minimaler privater Sektor, mit Kleinstbetrieben wie Metzgereien oder Tischlereien, konnte neben der Staatswirtschaft existieren.

Zwar erholte sich auch die DDR-Wirtschaft von den Kriegsfolgen, konnte aber mit dem westdeutschen Wirtschaftswunder nicht mithalten. Oft wird darauf verwiesen, dass die DDR schlechtere Voraussetzungen hatte als die BRD, wie Westdeutschland im Osten genannt wurde. Statt vom Marshallplan der US-Amerikaner zu profitieren, litt sie unter der Demontage von Produktionsanlagen durch die UdSSR, die dies als ihr gutes Recht für die Wiedergutmachung der von der deutschen Armee angerichteten Verwüstungen sah. Aber der wesentliche Grund war die Ineffizienz der Planwirtschaft. Bis 1958 waren in der DDR Nahrungsmittel rationiert, wie dies im Krieg der Fall gewesen war, während im Westen die Lebensmittelmarken schon 1950 abgeschafft worden waren.

Die in der Stalinzeit forcierte Zwangskollektivierung der Landwirtschaft hatte 1953 zu einer Krise in der Versorgung mit Lebensmitteln geführt. Gleichzeitig erhöhte das Zentralkomitee der Sozialistischen Einheitspartei Deutschlands (SED) mit Blick auf den sechzigsten Geburtstag ihres Generalsekretärs Walter Ulbricht am 30. Juni 1953 die Arbeitsnormen um zehn Prozent. Die Reduzierung der Lebensmittelversorgung bei gleichzeitig verordneter Mehrarbeit wurde von der Bevölkerung als Provokation empfunden. Es regte sich Widerstand, der am 17. Juni zu einem Aufstand in vielen Gemeinden und Städten der DDR wuchs. Es wurde gestreikt, Behördeneinrichtungen wurden besetzt, und auf den Straßen wurde demonstriert. Die Regierung flüchtete unter sowjetischen Schutz in die frühere Festungspionierschule in Berlin-Karlshorst.

Die sowjetischen Behörden verhängten den Ausnahmezustand und schlugen den Aufstand mit Panzern und 20 000 Soldaten blutig nieder. Aufständische wurden von Standgerichten zum Tode verurteilt und erschossen. Zu den Ermordeten sollen auch zwanzig Rotarmisten gehört haben, die sich geweigert hatten, auf die Aufständischen zu schießen.[30] Kein Wunder also, dass viele Menschen von Ost- nach Westdeutschland flohen. Im Jahr des Aufstands waren es 331 390, die Hälfte davon junge Menschen unter fünfundzwanzig Jahren.[31]

Die Familie Kasner hatte sich davon nicht beeindrucken lassen und zog im Jahr 1954 unbeirrt von der neuen Demokratie in die neue Diktatur Deutschlands – während in dieser Zeit noch 184 198 Menschen von Osten nach Westen flohen. Im brandenburgischen Weiler Quitzow trat der frisch gebackene evangelische Pfarrer Horst Kasner seine erste Stelle an. Er war ein folgsamer Kirchenmann. »Ich wäre auch nach Afrika gegangen, wenn man mich geschickt hätte«, erklärte er später seine Übersiedelung in den damals zu Stalins Sowjetimperium gehörenden Teil Deutschlands.[32]

Vier Jahre lang betreute Kasner die rund 500 Seelen in Quitzow, bis ihn ein Ruf Albrecht Schönherrs, des obersten Kirchenfunktionärs Brandenburgs, in das 160 Kilometer entfernte Templin brachte. Dort sollte er ein Seminar für den kirchlichen Dienst aufbauen. Wie Schönherr wollte Kasner eine »Kirche im Sozialismus« und sah dafür die Teilung Deutschlands als unvermeidlich an. Von den wenigen oppositionellen Pfarrern wurde er der »rote Kasner« genannt.

»Kasner zählte zu einer Bildungsschicht, die sich mit dem System arrangierte und sich zugleich intellektuell überlegen fühlte«, so der Historiker Ralph Bollmann.[33] Zwar befand der Vater von

Angela Merkel kurz nach der Wiedervereinigung, dass das Staatsgebilde der DDR in den politischen und wirtschaftlichen Bankrott gegangen war. Aber er warnte auch vor der »Herrschaft von Kommerz und Konsum« im westlichen System. [34]

Horst Kasner scheint zu den gesinnungsethischen christlichen Theologen gehört zu haben, die noch heute die Kirche bestimmen. Sie verurteilen die Verfolgung des eigenen Nutzens, weil dies angeblich dem Gebot der Nächstenliebe widerspreche. Aus dieser Perspektive erscheint die christliche Lehre der sozialistischen Ideologie näher als das in der Zeit der Industrialisierung entstandene kapitalistische Wirtschaftssystem. Wer dagegen verantwortungsethisch denkt, müsste sehen, dass die Verfolgung des Eigennutzens im Kapitalismus politische Freiheit und Wohlstand für alle geschaffen hat, während die sozialistische Ideologie in Armut und Knechtschaft geführt hat. [35]

Vermutlich ließen die Sicherheitsbehörden der DDR die »Salonsozialisten des Ostens« gewähren, weil sie ungefährlich waren und der Staat sich mit ihnen zieren konnte. Denn sie waren anschlussfähig an die »Salonsozialisten des Westens«. Das verschaffte ihnen gewisse Privilegien, zum Beispiel den Bezug von Büchern aus dem Westen, die anderen verboten waren. [36] Dazu gehörte auch, dass man ihren Kindern eine höhere Bildung nicht verwehrte, solange sich diese staatsfromm zeigten.

Ralph Bollmann, der akribischste und wohlwollende unter Merkels zahlreichen Biografen, zeichnet das Bild einer wohlbehüteten Kindheit Angelas in Templin. Wie die Biografen vor ihm sucht und findet er eine Szene aus dem Leben des Kindes, die einen Schlüssel zum Verständnis des Verhaltens der späteren Spitzenpolitikerin geben soll. Angela war in allen Fächern eine sehr gute Schülerin, außer in Sport. Im Schwimmunterricht machte ihr der Sprung vom Dreimeterbrett zu schaffen. Eine ganze Schulstunde stand sie auf dem Brett, ohne den Sprung zu wagen. Erst kurz vor dem Klingeln, das die Stunde beenden sollte, sprang sie dann doch.[37]

Wahrscheinlich gelang es der kopflastigen Angela nicht, bei der Risikoanalyse des Sprungs zu einem eindeutigen Ergebnis zu kommen. Als aber die Zeit für die Analyse zu Ende ging, ließ sie ihrem Bauchgefühl freien Lauf. Sie selbst hat diese Episode ähnlich kommentiert.[38] Beim Sprung vom Dreimeterbrett hat sie ihr Bauchgefühl nicht in die Irre geführt. Einige andere Sprünge in der Politik führten dagegen zu Bruchlandungen (SIEHE KAPITEL 4).

Nach dem Aufstand vom 17. Juni 1953 flohen also die Menschen weiter aus der DDR. Das 1958 gegebene Versprechen des Staatsratsvorsitzenden Walter Ulbricht, dass innerhalb weniger Jahre die Pro-Kopf-Versorgung der DDR-Bewohner mit allen wichtigen Lebensmitteln und Konsumgütern den Pro-Kopf-Verbrauch der Gesamtbevölkerung in Westdeutschland übertreffen würde, beeindruckte sie nicht. Von 1949 bis 1961 verließen 2,7 Millionen Bürger das Staatsgebiet. Dem ersten sozialistischen Staat auf dem Boden Deutschlands drohte durch die Abstimmung mit den Füßen eine Niederlage. Die Staatsführung erkannte, dass sie das nur verhindern konnte, wenn sie die Bevölkerung einsperrte.

Im Jahr 1960 flüchteten rund 546 Bürger täglich aus der DDR, und es war kein Ende abzusehen. Da viele junge und gebildete Menschen darunter waren, herrschte überall Mangel an Arbeitskräften. Die Wirtschaft blutete aus. Ulbricht drängte die sowjetische Regierung, die Grenzen zu schließen. Doch diese wollte einen Friedensvertrag mit West-Berlin als nicht zur Bundesrepublik gehörenden neutralen Stadt. Am 15. Juni 1961 gab Ulbricht dazu eine Pressekonferenz, an der auch Journalisten aus dem Westen teilnahmen. Eine Reporterin der *Frankfurter Rundschau*, Annamarie Doherr, fragte, ob der Status einer neutralen Stadt verlangte, dass die Staatsgrenze am Brandenburger Tor errichtet würde.

Daraufhin antwortete Ulbricht: »Ich verstehe Ihre Frage so, dass es in Westdeutschland Menschen gibt, die wünschen, dass wir die Bauarbeiter der DDR dazu mobilisieren, eine Mauer aufzurichten. Mir ist nicht bekannt, dass eine solche Absicht besteht. Die Bauarbeiter unserer Hauptstadt beschäftigen sich hauptsächlich mit Wohnungsbau, und ihre Arbeitskraft wird dafür voll eingesetzt. Niemand hat die Absicht, eine Mauer zu errichten.«[39]

Nur zwei Monate später, am 13. August, ließ Ulbricht die Mauer bauen. Auch die Hoffnung der Staatsführung, den Westen wirtschaftlich mittelfristig überholen zu können, war wohl versiegt. Den eingesperrten DDR-Bürgern wurde nun die Devise serviert, der Osten würde »überholen, ohne einzuholen«.

Im Monat des Mauerbaus kam Angela Kasner in die Schule. Neun Jahre musste sie diese absolvieren, bevor die Möglichkeit bestand, auf eine Polytechnische Oberschule zu wechseln. Die Eltern schärften ihr ein, von der Staatsideologie abweichende Ansichten lieber für sich zu behalten. 1968 hatte Familie Kasner auf einer Urlaubsreise in die Tschechoslowakei die freiere Luft des »Prager Frühlings« geschnuppert. Nach der Rückkehr in die Schule sollte Angela über ihre Ferienerlebnisse erzählen. Inzwischen hatten Truppen des Warschauer Pakts das reformsozialistische Experiment gewaltsam niedergeschlagen.

Entgegen den ursprünglichen Planungen hatte sich die Nationale Volksarmee (NVA) der DDR nicht daran beteiligt. Doch in den Medien der DDR zeichnete eine von der Parteiführung initiierte und manipulierte Berichterstattung ein ganz anderes Bild. Mit fingierten Filmaufnahmen und falschen Pressebeiträgen wollte man den Eindruck erwecken, dass die NVA sehr wohl am Einmarsch in die ČSSR beteiligt war und einen wichtigen Beitrag zur Verteidigung des Sozialismus im System des Warschauer Vertrags geleistet hatte.[40] Angela behielt ihre Ansicht über die im Sommer gemachten Erfahrungen daher lieber für sich. »Es ist ein großer

Vorteil aus DDR-Zeiten, dass man gelernt hat, zu schweigen. Das war eine Überlebensstrategie«, sagte sie viele Jahre später und fügte hinzu:»Ist es ja noch.«[41]

Ein Jahr später wechselte Angela auf die Oberschule. Sie nahm an Mathematik- und Russisch-Olympiaden teil, wie Schülerwettbewerbe in der DDR genannt wurden. Bei der Russisch-Olympiade kam sie auf Bezirksebene auf den ersten Platz und erhielt auf DDR-Ebene die Bronzemedaille. Als Preis gab es eine Reise mit dem »Zug der Freundschaft« nach Moskau. Dieser Reise sollten noch viele weitere auch in andere Teile der UdSSR folgen.[42] Fachliche Höchstleistungen und politische Unauffälligkeit zahlten sich aus: Noch vor dem Abitur erhielt Angela die Zusage für einen Studienplatz in Physik an der Universität Leipzig.

Ein Studium war in der DDR ein Privileg, in dessen Genuss nur wenige kamen. Eine Broschüre für Studienbewerber gab noch 1989 an, dass neben »hoher fachlicher Leistung« auch »die aktive Mitwirkung an der Gestaltung der sozialistischen Gesellschaft und die Bereitschaft zur aktiven Verteidigung des Sozialismus« für die Zulassung nötig waren. Kindern von Pfarrern traute man dies im Allgemeinen nicht zu. Angela schaffte es trotzdem. »Ja nicht auffallen, immer ein bisschen besser sein als die anderen«, war ihr Erfolgsrezept.[43]

Mit neunzehn begann sie ihr Studium in Leipzig und heiratete vier Jahre später ihren Kommilitonen Ulrich Merkel. Im Jahr 1978 bestand sie die Diplomprüfung mit der Note »Sehr gut«. Noch im selben Jahr fand sie eine Stelle am Zentralinstitut für Physikalische Chemie an der Akademie der Wissenschaften der DDR und zog nach Berlin.

Im Februar 1979 kam Ajatollah Ruhollah Chomeini als Anführer der iranischen Revolution aus seinem Pariser Exil nach Teheran zurück und rief am 1. April die Islamische Republik Iran aus.

Aufgrund von Förderausfällen und einer Unsicherheit über künftige Ölexporte aus dem Gottesstaat schossen die Ölpreise in die Höhe. Im November 1978 kostete ein Fass Öl der Sorte West Texas Intermediate noch knapp 15 US-Dollar. Bis zum März 1980 stieg der Preis bis auf knapp 40 US-Dollar. Die Weltwirtschaft fiel in die Rezession und die DDR in eine Existenzkrise.

Die selbst in wirtschaftlichen Schwierigkeiten steckende Sowjetführung kürzte der DDR die jährlichen Rohöllieferungen zu Vorzugskonditionen von neunzehn auf siebzehn Millionen Tonnen und der DDR drohte aufgrund gefallener Exporte im Jahr 1982 die Zahlungsunfähigkeit. Milliardenkredite aus Westdeutschland in den Jahren 1983 und 1984 konnten das Desaster noch einmal abwenden. Doch die Wirtschaft blieb schwer angeschlagen und konnte die Konsumwünsche der Bevölkerung nicht befriedigen. Auf eine Waschmaschine musste man bis zu drei Jahre warten. Für den Kleinwagen Trabant betrug die Wartezeit mindestens ein Jahrzehnt.

An der Akademie der Wissenschaften arbeitete Angela Merkel an ihrer Promotion. Mit ihrem Ehemann lebte sie in einer Einzimmerwohnung in einem Altbau in der Nähe zur Grenze nach West-Berlin, in dem mit Kohle geheizt wurde, es nur kaltes Wasser gab und die Toilette zwei Etagen tiefer im Treppenhaus lag. Nach drei Jahren, 1981, zog sie dort aus und trennte sich einvernehmlich von ihrem Mann. Von nun an lebte sie in einer Wohnung, die sie zunächst illegal bezogen hatte; erst später legalisierte sie das Mietverhältnis. Ab 1984 unterhielt sie eine Beziehung mit ihrem Kollegen Joachim Sauer, der weit ambitionierter war als ihr früherer Ehemann und unter seinen Kollegen als spröde und schroff galt. Es scheint, dass sich die beiden dennoch gut verstanden, da sie bis heute ein Paar geblieben sind.

Angela Merkel war während der Schulzeit Mitglied der Freien Deutschen Jugend (FDJ) geworden, deren Aufgabe es war, als »Kampfreserve der SED« die Jugend in den Marxismus-Leninismus einzuführen und zu »klassenbewussten Sozialisten« zu erziehen. Die Mitgliedschaft war zwar freiwillig, doch hatten Nichtmitglieder erhebliche Nachteile bei der Zulassung zu weiterführenden Schulen sowie bei der Studien- und Berufswahl zu befürchten.[44] Die Mitgliedschaft endete normalerweise mit dem Ende der Ausbildung, doch Doktoranden konnten bis zum dreißigsten Lebensjahr dabeibleiben.

Merkel war in der FDJ-Gruppe ihres Instituts aktiv und übte die Funktion einer »Sekretärin für Agitation und Propaganda« aus. Später übersetzte sie das für westliche Ohren als »Kulturbeauftragte«. Sie sei »gerne in der FDJ« gewesen, berichtete sie, aber es seien doch »70 Prozent Opportunismus« im Spiel gewesen.[45] Günther Krause, einer ihrer späteren Mentoren, widersprach: »Sie hat dort nicht die idealistischen Weltanschauungen der CDU propagiert, sondern Marxismus-Leninismus ... Agitation und Propaganda, da ist man verantwortlich für die Gehirnwäsche im Sinne des Marxismus. Das war ihre Aufgabe, und das war keine Kulturarbeit.«[46] 1986 wurde sie promoviert. Für ihre fachlichen Leistungen erhielt sie die Note »Sehr gut«. Sie trat eine neue Stelle in der Akademie an und verdiente für diesen Bereich überdurchschnittlich, sie bekam ein Gehalt von 1012 Ostmark netto. Aber ihr fehlte eine Aufstiegsperspektive.

Während Michail Gorbatschow ab Mitte der Achtzigerjahre wenigstens versuchte, die Sowjetunion mit Glasnost und Perestroika vor dem Untergang zu bewahren, blieb die DDR-Führung unter Erich Honecker stur bei ihrer unergiebigen Wirtschaftspolitik und ihren politischen Repressionen. Sie zensierte nun sogar sowjetische Medien und propagierte einen »Sozialismus in den Farben der DDR«. Im Gegensatz zu anderen Staaten des Ostblocks, die ihre Ausreisepolitik lockerten, hielt die DDR-Führung ihre Bürger weiterhin hinter der Mauer eingesperrt. Die Unzufriedenheit wuchs, es kam zu einer Massenflucht von DDR-Bürgern über Ungarn und immer weniger zurückhaltenden Demonstrationen, den sogenannten Montagsdemonstrationen, in Leipzig.

Auch der Rücktritt Honeckers am 18. Oktober 1989 und die Ernennung von Egon Krenz zum neuen Generalsekretär der SED, flankiert von Hans Modrow als Premierminister, brachte keine Entspannung. Als dazu eine Lockerung der Reisebeschränkungen angekündigt werden sollte, kam es zu einem Ansturm auf die Mauer. Ausgelöst von Politbüromitglied Günter Schabowski, als er während einer Presskonferenz auf die Frage, wann die Lockerungen in Kraft treten würden, sichtlich überfordert antwortete: »Das tritt nach meiner Kenntnis ... ist das sofort, unverzüglich.« Die Mauer fiel.

Als die Ost-Berliner nach West-Berlin stürmten, kam Angela Merkel gerade von einem Saunabesuch zurück. Sie ließ sich von der Menge mitreißen. Während andere jedoch weit in die Nacht hinein feierten, kehrte sie nach einem kurzen Besuch in West-Berlin wieder nach Ost-Berlin zurück. Denn sie »musste am nächsten Morgen früh raus«.[47] Im Gegensatz zu anderen Kollegen ging Merkel in diesen Tagen weiterhin pflichtbewusst ihrer Arbeit an der Akademie nach. Sie wartete erst einmal ab, wie sich die Dinge entwickeln würden. Schon vor dem Mauerfall hatten sich in der noch bestehenden DDR politische Gruppen gebildet, die den sozialistischen Staat reformieren wollten. Merkel wahrte Distanz. Am meisten störe sie an der DDR, dass es keinen anständigen Joghurt gebe, soll sie in einer Konversation noch im September gesagt haben. »Ich war Beobachterin, ich habe dem Braten noch nicht so ganz getraut.«[48]

Nach dem Mauerfall entwickelte sie zunehmend Interesse an der Politik. Sie ging auf »Parteiensuche«. Die SED-Nachfolgepartei und die ehemaligen Blockparteien der DDR kamen für sie nicht infrage. Dagegen fand sie beim Demokratischen Aufbruch

Berührungspunkte. »Dort waren relativ viele Intellektuelle dabei und es gab etwas zu tun.«⁴⁹ Sie wurde Pressesprecherin für den Landesverband, allerdings nicht, ohne sich vorher von ihrem Arbeitgeber eine bezahlte Freistellung und Rückkehr an ihren Arbeitsplatz gesichert zu haben. Von dort stieg sie zur stellvertretenden Pressesprecherin für die gesamte Partei auf. Bei der Volkskammerwahl am 18. März 1990 scheiterte der Demokratische Aufbruch jedoch krachend. Wolfgang Schnur, sein Vorsitzender, war kurz vor der Wahl als Stasi-Spitzel enttarnt worden.

Jetzt bewährte sich, dass der Aufbruch mit der von Lothar de Maizière geführten Ost-CDU ein Wahlbündnis mit dem Namen Allianz für Deutschland geschlossen hatte. Die CDU wurde mit 42 Prozent stärkste Partei, nicht zuletzt, weil Helmut Kohl, der Kanzler der Bundesrepublik und Vorsitzende der westlichen Schwesterpartei, den Ostdeutschen die Einführung der D-Mark versprochen hatte. De Maizière suchte für seine Regierung eine Frau, die aus dem Demokratischen Aufbruch kam und Erfahrung in der Pressearbeit hatte. Merkel erfüllte die Anforderungen und wurde stellvertretende Pressesprecherin der Ost-CDU.

Nach Abschluss der Verhandlungen zum Vertrag über die deutsche Einheit drohte Merkel mit dem Ende der DDR auch das Ende ihrer Arbeit. Der ihr vorgesetzte Staatssekretär Günther Krause besorgte ihr daher eine Stelle als Referentin im Bundespresseamt. Doch Merkel wollte nun ganz in die Politik und bei den kommenden Wahlen zum Bundestag selbst kandidieren. Die Auflösung des Aufbruchs in die CDU eröffnete dazu die Möglichkeit. Sie brauchte nur noch einen Wahlkreis. Wieder half ihr Krause, um die Kandidatur für den ihr bisher völlig fremden Wahlkreis Stralsund-Rügen-Grimmen zu gewinnen. Nun musste sie nur noch das Direktmandat für die CDU dort holen. Davor ging sie beim Bundespresseamt vorbei, um sich ihren dortigen Arbeitsplatz schriftlich garantieren zu lassen, falls daraus nichts werden sollte.

Das
Chamäleon
und
der Wolf

Zwei Feinde« heißt die Radierung von Hans Thoma aus dem Jahr 1910. Sie zeigt einen Wolf, der sich bedrohlich zu einem Chamäleon herabbeugt. Das Chamäleon sieht ihn mit offenem Maul angstvoll an.[50] Was den »Lieblingsmaler des deutschen Volkes« – so Meyers Großes Konversations-Lexikon aus dem Jahr 1909 – zu Inhalt und Titel seines Werks veranlasst hat, ist vergessen. Doch der Betrachter von heute kann damit sowohl die Charaktere von Merkel und Putin als auch ihr Verhältnis zueinander assoziieren. Zur vollen Blüte brachte diese Charaktere der Untergang des Sowjetimperiums.

Im Gegensatz zu einem Nationalstaat kann man ein Reich Imperium nennen, wenn es mehrere Volksgruppen unterschiedlicher ethnischer Herkunft und möglicherweise unterschiedlicher Religionszugehörigkeit vereint. So gesehen waren das Römische Reich der Antike, das Britische Reich der letzten Jahrhunderte und die Sowjetunion Imperien. Eine notwendige Bedingung für den Bestand eines Imperiums ist die Bereitschaft des Zentrums, seinen Herrschaftsanspruch mit der nötigen Gewalt durchzusetzen.

Wo das Zentrum dazu nicht mehr fähig oder willens ist, gewinnen meist die aus ethnischer Vielfalt gespeisten Zentrifugalkräfte die Oberhand, und das Imperium zerfällt. Wirtschaftliche Schwäche, Völkerwanderung und der Aufstieg reichsfremder Söldnerheere werden oft als Grund für den Zerfall Roms genannt. Dementsprechend kann man die Schwächung Englands durch zwei Weltkriege in der ersten Hälfte des 20. Jahrhunderts als Grund für den Zerfall des britischen Imperiums anführen. Und auch der wirtschaftliche Niedergang der Sowjetunion kann weitgehend auf die ineffektive wirtschaftliche Zentralplanung und die widrigen äußeren Umstände wie den Zerfall der Ölpreise und das Wettrüsten mit den USA während der Achtzigerjahre zurückgeführt werden.

Das soll jedoch nicht heißen, dass dabei das Handeln Einzelner keine Rolle gespielt hätte. Wäre Michail Gorbatschow so ruchlos gewesen wie Josef Stalin, hätte er vielleicht den Zerfall des Sowjetimperiums durch brutale Gewalt und Unterdrückung verhindern oder zumindest hinauszögern können. Menschliche Anständigkeit an der Spitze hat folglich wesentlich dazu beigetragen, dass die Sowjetunion unter seiner Führung ein unblutiges Ende fand.

Allerdings hinterlässt der Zerfall eines Imperiums oft tiefe Spuren. Das Ende Roms brachte einen großen Rückfall in der Entwicklung der Zivilisation, und der Zerfall des britischen Imperiums verursachte Machtvakua, die über Jahrzehnte bis heute zu vielen Kriegen in Asien und Afrika geführt haben. Daher ist es nicht verwunderlich, dass auch der Zerfall der Sowjetunion nach ihrem unblutigen Ende schließlich blutige Nachwirkungen hatte.

Die Balkankriege nach dem Untergang des Vielvölkerstaats Jugoslawien, die 1991 begannen, gaben erste Hinweise darauf, was in der UdSSR noch kommen könnte. Zunächst widersetzte sich die jugoslawische Zentralregierung und dann vor allem Serbien als Nachfolgestaat Jugoslawiens den Austritten anderer Staaten aus dem jugoslawischen Staatenbund. Die sich daraus entwickelnden Balkankriege wurden erst mit dem militärischen Eingreifen von NATO-Truppen beendet.

Die Rolle Serbiens in den Balkankriegen weist auf eine Begleiterscheinung beim Zerfall von Imperien hin. Die im Machtzentrum des Imperiums stehende Volksgruppe sieht durch den Abfall anderer Volksgruppen ihre vorrangige, mit Privilegien verbundene Stellung in der Völkergemeinschaft gemindert und empfindet ihn als unfreundlichen Akt. In Jugoslawien standen die Serben im Machtzentrum und versuchten, den Zerfall des Vielvölkerstaats mit Gewalt zu verhindern. In der UdSSR spielten die Russen mit Verzögerung eine ähnliche Rolle. Aus den Wirrungen des Zerfalls entwickelt sich eine Führungsperson, die den nach der Amputation seiner Glieder anfangs diffusen Phantomschmerz des Rumpfimperiums artikuliert.

Die politischen Karrieren Wladimir Putins und Angela Merkels begannen mit dem Fall des Sowjetimperiums und wurden von dessen Nachwehen wesentlich geprägt. Während Putin den Untergang als persönlichen Verlust und geschichtliche Tragödie empfand, eröffneten sich für Angela Merkel dadurch neue Karrieremöglichkeiten. Putin wurde zur Verkörperung des Phantomschmerzes des russischen Rumpfs des Sowjetimperiums und entwickelte den Ehrgeiz, eine neue Variante des Reichs mit den Mitteln des gelernten Geheimdienstagenten zu erschaffen. Merkel wurde von den Siegern des Kalten Krieges als aus den Klauen des Sowjetimperiums befreite Gefangene umarmt.

Sie nutzte die Freiheit, um aus ihrer politikfernen Wissenschaftskarriere auszubrechen und eine politische Karriere zu beginnen. In den Armen der siegestrunkenen Westpolitiker, allen voran ihres Mentors Helmut Kohl, entwickelte sie sich zur taktierenden Machtpolitikerin, deren Erfolgsrezept es war, den jeweils herrschenden Zeitgeist in Politik umzusetzen. Die Umarmung der Sieger gebar Merkel, das Chamäleon, die Verkörperung des Phantomschmerzes Putin, den Wolf.

Der Wolf tritt auf den Plan

Wenn die Regierung unter dem Recht steht, bleibt die Macht des Rechtsstaats unberührt, falls die Regierung ihre Macht verliert. Wenn aber die Regierung über dem Recht steht, entsteht ein Machtvakuum, wenn die Regierung stürzt. Folglich führte die Auflösung der Sowjetunion zu Verhältnissen, in denen – wie es der englische Philosoph Thomas Hobbes ausdrückte – »der Mensch dem Menschen ein Wolf ist«.[51]

Die westlichen Sieger des Kalten Krieges hatten die Lektionen der beiden Weltkriege des 20. Jahrhunderts gelernt: Will man eine künftige Revanche des Besiegten vermeiden, ist es besser, diesem zu helfen, als ihn zu demütigen. Folglich gab es keinen Mangel an Politikern und Ökonomen, die den Staaten der zerfallenen Sowjetunion mit Rat und Tat beistehen wollten. Darunter befand sich auch der US-amerikanische Außenpolitiker Henry Kissinger.

Im Juni 1991 hatten die Bürger Leningrads Anatoli Sobtschak zu ihrem Bürgermeister gewählt und in einem Referendum für die Rückkehr der Stadt zu ihrem alten Namen Sankt Petersburg gestimmt. Kissinger wollte Sobtschak bei der Gewinnung ausländischer Investoren für die Entwicklung der Stadt helfen und gründete mit diesem die Kissinger-Sobtschak-Kommission. Als Leiter des Komitees für Außenbeziehungen arbeitete Putin mit der Kommission zusammen und gewann die US-Firmen Coca-Cola, Gillette und Wrigley für Ansiedlungen in seiner Heimatstadt.

Bei Kissingers Besuchen in Sankt Petersburg lernte Putin diesen kennen. Auf einer Fahrt vom Flughafen zum Rathaus kam er mit ihm über das Ende der Sowjetunion ins Gespräch. Kissinger bekannte, er wäre dagegen gewesen, dass sich die Sowjetführung so schnell aus Osteuropa zurückgezogen hatte. Das hätte die Welt in einem gefährlichen Ungleichgewicht zurückgelassen. »Ehrlich gesagt«, so Kissinger, »habe ich bis heute nicht verstanden, warum Gorbatschow das getan hat.« Putin stimmte ihm zu und bedauerte, dass die Sowjetunion ihren Platz in Europa verloren habe. Man hätte eine Menge Probleme vermeiden können, wenn sich die Sowjets nicht so schnell zurückgezogen hätten, meinte er.[52]

Den Fall der Berliner Mauer fand Putin unvermeidlich. Ein Reich, das auf der Teilung eines Landes und der Befestigung mit einer Mauer beruhte, konnte keinen Bestand haben. Aber er wollte, dass etwas anderes an dessen Stelle trat. Doch da war nichts anderes. Die Sowjets ließen einfach alles fallen und machten sich aus dem Staub. Im Jahr 1990 bahnte sich der davon ausgelöste Phantomschmerz an. Als Putin 2004 den Zerfall der Sowjetunion als »gesamtnationale Tragödie von gewaltigen Ausmaßen« bezeichnete und ein Jahr später hinzufügte, dies sei »die größte geopolitische Katastrophe des 20. Jahrhunderts« gewesen, hatte sich der anfangs diffuse Phantomschmerz längst in einer politischen Agenda konkretisiert.[53]

Als Peter der Große das Gebiet an der Mündung der Newa in die Ostsee für den Bau einer Stadt wählte, hatte er im Sinn, dort einen Seehafen anzulegen, der zum Tor für den Handel mit dem Westen werden sollte. Im Jahr 1712 erklärte er Sankt Petersburg anstelle von Moskau zur Hauptstadt des russischen Zaren- und späteren Kaiserreichs, um damit die Öffnung nach Westen voranzutreiben. Seit dieser Zeit spielte der Hafen von Sankt Petersburg eine wichtige Rolle.

Anatoli Sobtschak, der Putin in die Stadtverwaltung geholt hatte, war zwar ein charismatischer Bürgermeister, hatte jedoch wenig Interesse an Details. Die überließ er lieber Putin, den er 1992 zu seinem Stellvertreter machte. Im Machtvakuum, das der

> **Den Fall der Berliner Mauer fand Putin unvermeidlich. Ein Reich, das auf der Teilung eines Landes und der Befestigung mit einer Mauer beruhte, konnte keinen Bestand haben.**

Zerfall der Sowjetunion hinterlassen hatte, wurde der Hafen von Sankt Petersburg zu einem Dorado für kriminelle Gruppen. Es gab Bandenkämpfe und viele Schießereien.

Putin, der während des Putschversuchs gegen Gorbatschow im August 1991 formal den KGB verlassen, aber weiterhin enge Beziehungen zu dem Geheimdienst hatte, füllte das Machtvakuum aus. Er schmiedete eine Allianz der Sankt Petersburger KGB-Offiziere mit Angehörigen der Tambow-Bande, einer Gruppierung der russischen Mafia, die von Wladimir Kumarin angeführt wurde.[54] Neben Putin in der Stadtverwaltung herrschten Wiktor Tscherkessow, Chef des FSB, der Nachfolgeorganisation des KGB, und Ilja Traber, ein Antiquitätenhändler und mutmaßlich führendes Mitglied der Tambow-Mafia, über die Allianz.

Über die Becken und Pipelines des Sankt Petersburger Hafens flossen um die 20 Prozent des russischen Außenhandels. Offiziell waren Warenhandel und damit verbundene Zahlungen staatlich reguliert. Doch der Schwarzmarkthandel blühte und füllte die Taschen der Tambow-Mafia mit Devisen. Putin und seine Freunde aus dem KGB hatten die Mittel, die illegalen Geschäfte der Mafia zu »besteuern«. Mit Geheimdienstmethoden konnten sie sich auch einen besseren Überblick über die Finanzen normaler Firmen beschaffen und mehr Steuern eintreiben.

Dass die beschafften »Steuern« alle der Stadt Sankt Petersburg zugutekamen, ist mehr als zweifelhaft. Russische Politiker und westliche Journalisten fanden starke Hinweise darauf, dass ein großer Teil der Einnahmen in die Taschen Putins, seiner Freunde und Partner floss. Eine besondere Rolle spielt dabei das Programm »Öl für Lebensmittel«.

Im Winter 1991 wurden in Sankt Petersburg die Lebensmittel knapp. Die Stadträtin Marina Salje wollte ein Programm auflegen, bei dem Nahrungsmittelimporte gegen Ölexporte getauscht werden sollten. Die Sowjetregierung verfolgte einen ähnlichen Plan, da die Lebensmittelknappheit das ganze Land betraf. Doch als das Programm in Sankt Petersburg vom Stadtrat umgesetzt werden sollte, stellte sich heraus, dass Putins Komitee für Außenbeziehungen schon damit begonnen hatte. Er hatte Exportlizenzen für Rohstoffe an eine Reihe obskurer Firmen vergeben, darunter die Ölraffinerie Kirishi, an der Gennadi Timtschenko, ein enger Freund und späterer Weggefährte Putins, beteiligt war. Die Rohstoffe waren exportiert, aber nur ein verschwindend geringer Teil der damit erhältlichen Lebensmittel war importiert worden.

Salje leitete daraufhin eine Untersuchung ein und bezichtigte ein Netzwerk von KGB-Agenten der Korruption. In einem umfangreichen Interview aus dem Jahr 2000 darauf angesprochen, wies Putin die Vorwürfe Saljes entschieden zurück. Nicht er und sein Komitee, sondern die Firmen hätten betrogen. Catherine Belton vermutet jedoch, dass mit dem Programm eine Schmiergeldkasse, in der russischen Unterwelt Obschak genannt, für persönliche und politische Zwecke geschaffen worden sei.[55] Laut Belton sei dies der Prototyp für spätere Kassen gewesen, mit denen Putin und sein Zirkel ihre politische Macht erobert und sich ihren persönlichen Reichtum geschaffen hätten.

In den folgenden Jahren bauten Putin und seine Partner ihre Geschäfte aus. In den Privatisierungsprogrammen unter der russischen Regierung Boris Jelzins wurden ab 1992 Staatsunternehmen privatisiert, indem an die Mitarbeiter Anteilsscheine ausgegeben wurden. Doch die Arbeiter konnten mit den Scheinen nichts anfangen und verschleuderten sie zu Billigstpreisen. Als die Stadt Sankt Petersburg ihren Anteil am Seehafen privatisierte, kaufte Ilja Traber, der Antiquitätenhändler, den Arbeitern ihre Scheine für sich und die Tambow-Mafia ab. Ohne Putin und seine KGB-Freunde wäre das wohl nicht möglich gewesen. Sie erteilten die Lizenzen für den Betrieb des Hafens – vermutlich nicht ohne Gegenleistung. Nach heftigem Kampf mit der

Tambow-Bande und anderen Mafia-Gruppen erhielt Gennadi Timtschenko mit seiner Firma Kirishi das Monopol für Ölexporte aus dem Seehafen.

Zur Finanzierung seiner Handelsgeschäfte bediente er sich KGB-freundlicher westlicher Banken, darunter der Dresdner Bank in Sankt Petersburg, die von Matthias Warnig, Putins Stasi-Kollegen aus Dresdner Zeiten, geführt wurde. Die Allianz von Putin und seinen Partnern mit der Tambow-Mafia hatte nun alle legalen und illegalen durch den Hafen von Sankt Petersburg laufenden Handelsgeschäfte – darunter auch den Drogenschmuggel von Kolumbien in westliche Länder – unter ihrer Kontrolle.

Wladimir Jakunin war ein Jahr nach Putin aus einem Auslandseinsatz in den USA, wo er die Vereinten Nationen ausspionierte, in die Sankt Petersburger KGB-Zentrale gekommen. Nach vier Jahren weniger aufregender Beschäftigung gelang es ihm, mit einigen Partnern – und Zustimmung der oberen KGB-Führung – die Bank Rossija zu übernehmen. Putins Komitee für Außenbeziehungen arbeitete eng mit Rossija zusammen, indem es die von ihm genehmigten Joint Ventures ausländischer mit russischen Unternehmen exklusiv von ihr finanzieren ließ. Die daraus entstehenden Einnahmen füllten einen weiteren Obschak, der zur Finanzierung persönlicher und politischer Ausgaben dienen konnte.

Nachdem Putin und seine KGB-Freunde ihre politische Macht und ihre Finanzkanäle fest in Sankt Petersburg etabliert hatten, bauten sie sich ein gemeinsames Refugium, einige Datschen am Komsomolzen-See, nicht weit von der finnischen Grenze. Im Jahr 1996 gründeten sie die Osero (See)-Datschen-Kooperative. Bewacht wurde die Anlage von Männern, die der Tambow-Mafia zugerechnet wurden. Aus dieser eng verschworenen Gemeinde ging die Osero-Datschen-Genossenschaft hervor, deren Mitglieder Verbindungen zu der Bank Rossija hatten und

später unter Putins Herrschaft einflussreiche Positionen inne-
haben sollten.

Im Sommer 1996 verlor Sobtschak die Wahl zum Bürger-
meisteramt. Die Kampagne war schlecht gelaufen, und es gab
Korruptionsvorwürfe gegen ihn. Einige seiner Anhänger glaubten, diese Vorhaltungen seien aus dem Umfeld Boris Jelzins lan-
ciert worden, um Sobtschak als möglichen Wettbewerber um
das russische Präsidentenamt auszuschalten. Der neue Bürgermeister, Wladimir Jakowlew, bot Putin an, ihn weiterhin als stellvertretenden Bürgermeister zu beschäftigen. Doch Putin lehnte
ab.[56] Er hielt es für unmöglich, mit Jakowlew zusammenarbeiten
zu können.

Folglich zog er mit seiner Familie in die Datscha am Komsomolzen-See, allerdings nicht für lange. Beim Betrieb der Sauna
fing das Haus Feuer und brannte lichterloh. Die Familie floh ins
Freie, als Putin einfiel, dass sich ihr ganzes Bargeld noch im Haus
befand. Er rannte nackt zurück, fand das Geld aber nicht und
kletterte vom Balkon wieder herunter und befand sich wieder in
Sicherheit. Eine Gruppe von Schaulustigen hatte sich auf dem
nahe gelegenen Hügel versammelt und betrachtete die Szene interessiert. Putin stand vor dem brennenden Haus, noch immer
unbekleidet.

Schließlich kam die Feuerwehr, hatte aber ziemlich schnell
kein Löschwasser mehr. »Was soll das heißen, dass ihr kein Wasser mehr habt? Da ist doch ein ganzer See hier«, fragte Putin un-
gläubig. »Das schon«, sagten die Feuerwehrleute, »aber da ist kein
Schlauch.«[57] Also brannte die Datscha vollständig ab. Innerhalb
von eineinhalb Jahren hatte der Hersteller der Sauna das Haus
wieder so aufgebaut, wie es vor dem Brand gewesen war.

Nach seinem Abschied aus dem Rathaus von Sankt Petersburg war Putin nicht lange arbeitslos. Noch im August 1996 bekam er ein Jobangebot aus Moskau, und seine Karriere nahm

einen kometenhaften Aufstieg. Er wurde in diesem August stell-
vertretender Leiter der Kreml-Liegenschaftsverwaltung, im März
1997 stellvertretender Kanzleileiter des Präsidenten Boris Jelzin
und im Mai 1998 stellvertretender Chef der Präsidialverwaltung.
Schon zwei Monate später, im Juli, rückte er zum Direktor des
Geheimdienstes FSB auf und wurde ab März des darauffolgenden
Jahres zusätzlich Sekretär des Sicherheitsrats der Russischen
Föderation.

Tabelle 2
PUTINS KOMETENHAFTER AUFSTIEG IN MOSKAU

August 1996	Leiter der Kreml-Liegenschaftsverwaltung
März 1997	Stellvertretender Kanzleileiter des Präsidenten Boris Jelzin
Mai 1998	Stellvertretender Chef der Präsidialverwaltung
Juli 1998	Direktor des Inlandsgeheimdienstes FSB
März 1999	Zusätzlich Sekretär des Sicherheitsrates der Russischen Föderation
August 1999	Ministerpräsident

Der märchenhafte Aufstieg Putins nährte Verschwörungs-
theorien. War seine Laufbahn von Anfang an von hohen KGB-Füh-
rern gesteuert gewesen? War er dazu ausersehen gewesen, Sobtschak als Wettbewerber von Jelzin auszuschalten? Wurde er nun
als Nachfolger des Präsidenten positioniert? Nach der chaotischen
Präsidentschaft Jelzins, dem Staatsbankrott in der Finanzkrise
von 1998 und angesichts des sich verschlechternden Gesundheits-
zustands Jelzins erschien es nicht unplausibel, dass die KGB-Ge-
neräle wieder die Macht übernehmen wollten. Und auch wenn sie
Putin nicht schon in seiner Sankt Petersburger Zeit dazu erkoren
hatten, war er nicht nach seiner Rückkehr in das Moskauer Umfeld der geeignete Mann dafür?

Nach dem Finanzcrash und dem Staatsbankrott im Jahr 1998 berief Jelzin zur Beruhigung der Gemüter den früheren Chef der Auslandsaufklärung des KGB, Jewgeni Primakow, zum Premierminister. Der erste Schritt zur Rückkehr der KGB-Elite an die Macht schien getan. Primakow holte einige Mitglieder der alten kommunistischen Garde, die immer noch das Parlament dominierte, in seine Regierung. Den Kommunisten war die Liberalisierung in Wirtschaft und Gesellschaft unter Jelzin gegen den Strich gegangen. Nun setzten sie sich dagegen zur Wehr und sahen in Primakow einen Verbündeten.

Unter dem Eindruck des Finanzcrashs nahm der Generalstaatsanwalt, Juri Skuratow, die Korruption in den höchsten Rängen der Regierung in den Fokus. Im ersten Schritt untersuchte er die Veruntreuung von Geldern durch die Zentralbank. Gleichzeitig bereitete er eine Untersuchung der Finanzen der Familie um Jelzin vor. Es kamen Unterlagen ans Licht, die zeigten, dass die Schweizer Banca del Gottardo, die Auslandsabteilung der mit dem Vatikan verbundenen und gescheiterten Banco Ambrosiano, der Jelzin-Familie im Zuge der Finanzierung der Renovierung des Kremls Kreditkarten zur freien Verfügung ausgestellt hatte.

Jelzins Tochter Tatjana, die ihrem Vater als Beraterin zur Seite stand, hatte damit Rechnungen von 200.000 bis 300.000 US-Dollar pro Jahr beglichen. Jelzin selbst soll während eines Staatsbesuchs in Budapest Ausgaben von einer Million US-Dollar damit finanziert haben. Abgesehen von der Annahme von Schmiergeld war es für russische Staatsbedienstete auch verboten, ausländische Konten zu führen. Die Kommunistische Partei wollte deswegen und wegen des desaströsen Kriegs in Tschetschenien, der einen hohen Blutzoll gekostet hatte, ein Amtsenthebungsverfahren gegen Jelzin einleiten. Um den Generalstaatsanwalt zum Rücktritt zu drängen, nutzte Sergei Pugatschow, der als Bankier des Kremls nicht nur für die kostspielige Renovierung des Palasts,

»Es war das erste Mal, dass mir das auffiel. Niemand anderes dachte an ihn damals. Aber ich dachte, er sieht gut aus im Fernsehen. Wir machen ihn zum Präsidenten.«

sondern auch für die Kreditkarten gesorgt hatte, ein Videoband, das diesen beim Sex mit zwei Prostituierten zeigte.

Skuratow bot zwar sofort seinen Rücktritt an, aber Primakow und seine Unterstützer im Parlament verhinderten, dass das Rücktrittsgesuch angenommen wurde. Offensichtlich hatte Primakow selbst Ambitionen auf die Präsidentschaft und wollte Jelzin mit der Schmiergeldaffäre zu Fall bringen. Skuratow verschwand mehr als einen Monat lang von der Bildfläche und zog nach seinem Wiederauftauchen sein Rücktrittsangebot zurück. Daraufhin arrangierte Pugatschow, dass das kompromittierende Video dem Staatsfernsehen zugespielt wurde. Den Job übernahm der Chef des FSB, Wladimir Putin. Nachdem es dort ausgestrahlt worden war, gab Putin ein Fernsehinterview, in dem er die Echtheit des Videos bestätigte. Pugatschow war beeindruckt. »Er sprach sehr ruhig. Er sah im Fernsehen aus wie ein Held. Es war das erste Mal, dass mir das auffiel. Niemand anderes dachte an ihn damals. Aber ich dachte, er sieht gut aus im Fernsehen. Wir machen ihn zum Präsidenten.«[58]

Skuratow gab immer noch nicht auf. Je größer der Druck auf ihn wurde, desto hartnäckiger leistete er Widerstand. Er behauptete, nicht er, sondern ein anderer Mann sei auf dem Video zu sehen. Und er intensivierte die Untersuchung der Geldflüsse im Zusammenhang mit der Renovierung des Kremls. Gleichzeitig erhob ein Mitglied der Duma, des russischen Parlaments, den Vorwurf, die Jelzin-Familie hätte 235 Million US-Dollar aus einem

Beistandskredit des Internationalen Währungsfonds über 4,8 Milliarden US-Dollar während der Finanzkrise von 1998 für sich abgezweigt. Primakow verbündete sich mit dem Moskauer Bürgermeister Juri Luschkow, um Jelzin zu Fall zu bringen und an die Staatsspitze zu gelangen.

Jelzins Umfeld schlug zurück, indem es gegen Skuratow eine Anklage wegen Amtsmissbrauch in Gang brachte und ihn suspendieren ließ. Drei Tage vor dem Beginn des Amtsenthebungsverfahrens entließ Jelzin Primakow aus dem Amt des Ministerpräsidenten. Damit hatten die Mitglieder der Duma nicht gerechnet. Sie hatten erwartet, dass der kranke Präsident klein beigeben und dem mächtigen Herausforderer Primakow Platz machen würde. Nach der russischen Verfassung konnte die Duma nicht gleichzeitig ein Amtsenthebungsverfahren gegen den Präsidenten durchführen und einen neuen Premierminister wählen. Jelzin hätte die Blockade nutzen und den Ausnahmezustand ausrufen können, und das ihm nahestehende Verfassungsgericht hätte es wohl nicht verhindert.

Folglich stimmte die Mehrheit der Duma-Mitglieder gegen das Amtsenthebungsverfahren und bestätigte den von Jelzin berufenen Sergei Stepaschin, einen früheren General und KGB-Agenten, als Ministerpräsidenten. Von ihm erhofften sich Jelzin und sein Umfeld Schutz vor erneuten Angriffen. Skuratow wurde im Jahr 2000 schließlich von Jelzins Nachfolger entlassen.

Im Juli 1999 eröffnete die Schweizer Justiz eine Untersuchung zur Geldwäsche russischer Staatsbürger bei Schweizer Banken. Darunter waren einige hochrangige Beamte des Kremls aus dem Umkreis der Jelzin-Familie. Zur gleichen Zeit flammten die Kämpfe in Tschetschenien wieder auf, und Stepaschin hatte Schwierigkeiten, die Lage dort unter Kontrolle zu bringen. Außerdem hatte Stepaschin den Ruf, ein liberaler Reformer zu sein, der gegen Korruption vorgehen würde.

Vermutlich hielten Jelzin und sein Umfeld Stepaschin für überfordert, sowohl die Untersuchung der Schweizer Justiz als auch die Unruhen in Tschetschenien in den Griff zu bekommen und die Attacken von Primakow und Luschkow abzuwehren. Nur so lässt sich erklären, dass Jelzin Stepaschin nach nur neunundachtzig Tagen im Amt am 9. August 1999 mit der Begründung entließ, die Familie nicht entschieden genug vor Primakow und Luschkow zu schützen. Als Nachfolger berief er den amtierenden FSB-Chef Wladimir Putin, der Pugatschow beeindruckt hatte, und empfahl ihn darüber hinaus als künftigen Präsidenten in der für das kommende Jahr angesetzten Wahl. Putin war zwar bis dahin weitgehend unbekannt. Aber in der Skuratow-Affäre hatte er gezeigt, dass er skrupellos genug war, um unliebsame Dinge effektiv zu erledigen.

Putin sah seine Mission als Premierminister darin, die Lage im Nordkaukasus in den Griff zu bekommen. In Tschetschenien setzte sich seiner Meinung nach der Zerfall der Sowjetunion fort, nur dass es jetzt Russland betraf. »Wenn wir dem jetzt kein Ende setzen, wird Russland aufhören zu existieren«, gab er später zu Protokoll.[59] Am 4. September 1999 brachte eine Autobombe ein Wohnhaus in Buinaksk, einer Stadt in Dagestan, zum Einsturz. Dabei starben vierundsechzig Menschen, darunter viele Angehörige russischer Soldaten. Tschetschenische Terroristen wurden verdächtigt, den Anschlag verübt zu haben.

Vier Tage später riss eine weitere Bombe ein Wohnhaus in Moskau in der Nacht auseinander. Vierundneunzig Menschen kamen dabei ums Leben. Zunächst wurde der Grund dafür in der Explosion einer Gasleitung gesucht, doch dann machten die Behörden ebenfalls tschetschenische Terroristen verantwortlich. Weitere vier Tage später explodierte noch eine Bombe in einem Moskauer Wohnhaus und riss 119 Menschen in den Tod. Panische Angst griff um sich.

Putin ließ als Vergeltung die tschetschenische Hauptstadt Grosny bombardieren und versprach in einer Fernsehansprache, die Terroristen »im Nebengebäude« – gemeint war Tschetschenien – auszuradieren. Mit den Bombardierungen stieg seine Popularität. Hatte seine Zustimmungsrate im August noch bei 31 Prozent gelegen, betrug sie im November 75 Prozent. Im Dezember flog Putin in Begleitung seiner Frau nach Tschetschenien und feierte dort Silvester mit den russischen Truppen.

> Putin ließ als Vergeltung die tschetschenische Hauptstadt Grosny bombardieren und versprach in einer Fernsehansprache, die Terroristen »im Nebengebäude« – gemeint war Tschetschenien – auszuradieren.

»Wir werden diejenigen zerstören, die ihre Waffen erheben«, sagte Putin.[60] »So wie die Lage heute ist, kommt eine Diskussion über einen Status außerhalb Russlands nicht infrage.« Und den Umstand, dass ihn die Rebellen schon mehrmals zum Tode verurteilt hatten, kommentierte er folgendermaßen: »Man sollte solche Drohungen nie fürchten. Wissen Sie, es ist wie bei einem Hund. Ein Hund spürt, wenn jemand vor ihm Angst hat, und beißt zu. So verhält es sich hier auch.«[61]

Schon der Erste Tschetschenienkrieg unter Jelzin war blutig gewesen. Unter Putin kamen systematische Entführungen dazu. Die US-amerikanische nichtstaatliche Organisation Human Rights Watch schätzt, dass von 1999 bis 2005 zwischen 3000 und 5000 Menschen entführt wurden und nicht wiederauftauchten.[62] Betroffen waren davon besonders männliche Zivilisten zwischen achtzehn und vierzig Jahren. Der Ökonom Gunnar Heinsohn vermutete, dass dahinter das Ziel stand, potenzielle Kämpfer aus dem Verkehr zu ziehen, eine Methode, die Putin auch im Ukraine-Krieg anzuwenden schien.[63]

Die Bombenanschläge auf Moskauer Wohnhäuser nährten den Verdacht, dass der Kreml dahintersteckten würde. Damit sollte die anstehende Präsidentschaftswahl beeinflusst werden, so die Theorie. Es gab einige Indizien dafür, dass die Anschläge eine Aktion von FSB-Agenten waren, um die Wahl Putins zum Präsidenten zu unterstützen. Mehrere Duma-Abgeordnete, die Nachforschungen angestellt hatten, wurden später ermordet, und stichhaltige Beweise wurden nie gefunden. Wie dem auch gewesen sein mag, die Anschläge waren eine große Hilfe für den politischen Aufstieg Putins.

In seiner Neujahrsansprache am 31. Dezember 1999 verkündete Jelzin überraschend seinen Rücktritt und übergab die Amtsgeschäfte des Präsidenten der Russischen Föderation bis zur Wahl des Nachfolgers an Putin. In einer seiner ersten Verfügungen als amtierender Präsident gewährte er Jelzin Amnestie für im Amt begangene Straftaten. Hinter den Kulissen gab es wohl auch eine Abmachung, dass Putin zumindest während seiner ersten Amtszeit die Geschäfte der Jelzin-Familie nicht beeinträchtigen würde. Am 26. März 2000 fanden Präsidentschaftswahlen statt, die Putin im ersten Wahlgang mit 52,9 Prozent der Stimmen gewann. Sergei Pugatschow kommentierte dies in einem Interview 2015 so: »Es war klar, dass die Männer der Gewalt – die Sicherheitsleute und Spione, die als *Silowiki* bekannt sind – an die Macht gekommen waren.«[64]

Verfolgt man Putins Aufstieg zur Macht, gewinnt man den Eindruck, dass dieser das Werk eines kaltblütigen Draufgängers ist. Das mag nach einem Oxymoron klingen, aber in der Kombination von kühler Berechnung und wölfischer Brutalität entfaltete er die Wirkung zur Erreichung seiner Ziele. Deren Kern ist die Überwindung des Zerfalls des Sowjetimperiums durch die Wiedergeburt eines großrussischen Reichs.

Das Chamäleon wechselt die Farben

»Kommt die D-Mark, bleiben wir, kommt sie nicht, gehn wir zu ihr!«, riefen die Teilnehmer der Montagsdemonstrationen in Leipzig nach dem Fall der Berliner Mauer. Eile war also geboten, um eine innerdeutsche Binnenmigration zu verhindern, die weit über die Emigration vor dem Mauerbau hinausgehen würde. So dachten jedenfalls die Politiker der Regierung Kohl. Während Merkels Chef Günther Krause mit dem westdeutschen Innenminister Wolfgang Schäuble noch den Vertrag über den Beitritt der DDR zur Bundesrepublik Deutschland aushandelte, trat daher am 1. Juni 1990 die Währungs-, Wirtschafts- und Sozialunion zwischen der Bundesrepublik Deutschland und der DDR in Kraft.

Damit die D-Mark in die DDR kommen konnte, hatte ein Austauschverhältnis zwischen ihr und der Staatswährung der DDR, der Ostmark, vereinbart werden müssen. Wie in den anderen sozialistischen Ländern war auch in der DDR vom Staat über Löhne in den Staatsbetrieben bis hin zu Transferzahlungen an Unternehmen und private Haushalte mehr Geld an die Bürger verteilt worden, als durch die Warenproduktion gedeckt war. Da die Preise staatlich festgeschrieben waren, hatte sich der *Geldüberhang* in langen Wartezeiten für begehrte Güter ausgedrückt.

In Russland und anderen Ländern hatte die Freigabe der Preise eine Explosion der Inflation ausgelöst, durch die der

Geldüberhang abgebaut worden war. Dementsprechend hätte er in der DDR durch einen niedrigen Umtauschkurs der Ostmark neutralisiert werden können, ohne dass die Preise in D-Mark von der Ausweitung der Einbeziehung Ostdeutschlands in das Währungsgebiet berührt worden wären. Aus politischen Gründen entschied sich jedoch Helmut Kohl für einen großzügigen Umtauschkurs von im Schnitt 1,8 Ostmark zu einer D-Mark für die Geldguthaben der privaten Haushalte, Unternehmen und öffentlichen Institutionen. Für die Löhne galt ein noch großzügigerer Kurs von eins zu eins. Und statt zur Privatisierung der Wirtschaft an die Bürger Anteilsscheine an den Staatsunternehmen auszugeben wie in Russland, übernahm eine staatliche Holdinggesellschaft, die Treuhandanstalt, diese Betriebe.[65]

Die Ergebnisse dieser Politik waren zwiespältig. Kurzfristig löste die großzügige Umstellung eine Konsumwelle aus, die zu höherer Inflation und Importen führte. Mittelfristig mussten aber auch viele Betriebe abgewickelt werden, weil sie aufgrund von nun über den Verkaufserlösen für ihre Produkte liegenden Lohnkosten nicht mehr wirtschaftlich betrieben werden konnten. Die Arbeitslosigkeit stieg rapide und mit ihr die Unzufriedenheit der früheren DDR-Bürger. Wie zuvor im Sozialismus wanderten viele in den Westen ab und versuchten, sich dort eine neue Existenz aufzubauen. Zurück blieben die weniger Leistungsfähigen, sodass sich die Kluft zwischen West und Ost verfestigte.

Im Gegensatz zu vielen ihrer Mitbürger machte Angela Merkel eine Blitzkarriere, die sie schnell und komfortabel vom Osten in den Westen führte. Bei der ersten gesamtdeutschen Bundestagswahl am 2. Dezember 1990 gewann Merkel ihren neuen Wahlkreis mit 48,5 Prozent der abgegebenen Erststimmen und zog am 20. Dezember 1990 als Abgeordnete der CDU in den ersten gesamtdeutschen Bundestag in Bonn ein. Die Mitgliedschaft in der CDU war ihr mit der Einbringung des Demokratischen Aufbruchs in die

Ost-CDU und schließlich die Verschmelzung dieser Partei mit der West-CDU zugefallen.

Ihr früherer Chef Lothar de Maizière erinnerte sich, dass Helmut Kohl für seine erste gesamtdeutsche Regierung eine ostdeutsche Frau suchte, der er ein »weiches Ressort« geben könne.[66] Um den Proporz umsetzen zu können, zerlegte Kohl das bisherige Ministerium für Jugend, Familie und Gesundheit in die drei Ressorts für Gesundheit, Familie sowie Frauen und Jugend. Gesundheit und Familie gingen an westdeutsche Politikerinnen, Frauen und Jugend an Angela Merkel. Als Jüngste und Unscheinbarste erhielt sie den Spitznamen »Kohls Mädchen«.

Danach ging es mit hohem Tempo weiter aufwärts. Zwar musste Merkel weichen, als Kohl nach der Wiederwahl 1994 das Frauen- wieder mit dem Familienministerium zusammenlegen wollte. Als kinderlose Frau konnte sie nicht Familienministerin werden. Doch er hatte weiterhin Verwendung für sie. Um den unbotmäßigen Klaus Töpfer loszuwerden, der sich als der deutsche Umweltpolitiker schlechthin inszeniert und Ambitionen auf die Nachfolge Kohls entwickelt hatte, schob er diesen auf den Posten des »Umzugsbeauftragten« zur Verlegung des Regierungssitzes von Bonn nach Berlin ins Bauministerium ab. Merkel erhielt das Umweltministerium. Damit war nicht nur eine Beförderung verbunden – das Umweltthema hatte große politische Bedeutung –, sondern sie fühlte sich dort offensichtlich auch wohler als im Frauen- und Jugendministerium. Die Politikinhalte fand sie weniger diffus und »für (sie) als Physikerin nachvollziehbar«.[67]

Tabelle 3
MERKELS KOMETENHAFTER AUFSTIEG
IN BONN UND BERLIN

Oktober 1990	Bundestagsabgeordnete der CDU
Januar 1991	Ministerin für Frauen und Jugend
Dezember 1991	Stellvertretende Bundesvorsitzende der CDU
November 1994	Umweltministerin
November 1998	Generalsekretärin der CDU
April 2000	Vorsitzende der CDU
September 2002	Vorsitzende der CDU-Fraktion und Führerin der Opposition

Hatte die Kindheitsgeschichte vom Sprung vom Dreimeter-brett auf eine später wiederkehrende Eigenart beim Treffen von schwierigen Entscheidungen hingewiesen, so zeigte ihr Verhalten als Umweltministerin noch eine andere. Gegen den Willen Gerhard Schröders, des Ministerpräsidenten Niedersachsens und ihres wohl ersten Intimfeinds, setzte sie 1995 Castor-Transporte von Atommüll zur Lagerstätte nach Gorleben durch. Als sich jedoch Ende April 1998 ein Beamter der französischen Atomaufsicht beim Umweltministerium mit der Nachricht meldete, die Atomtransporte aus Deutschland in die französische Wieder-aufbereitungsanlage in La Hague wiesen leicht erhöhte, aber ungefährliche Strahlenwerte aus, verfügte sie am 20. Mai einen kompletten Transportstopp. Mit der aus sachlichen Gründen unnötigen Kehrtwende räumte sie das leidige Thema für den beginnenden Wahlkampf zur Bundestagswahl im September 1998 ab. Langes Abwägen und eine dann folgende Bauchentscheidung, die umso radikaler ausfällt, je stärker sie sich in die Enge getrieben fühlt, wurde zu einem wiederkehrenden Muster merkelscher Politik.

Für die Bundestagswahl 1998 stellte Helmut Kohl seinen politischen Ziehsohn Wolfgang Schäuble ins Abseits und riss die Kanzlerkandidatur noch einmal an sich. Prompt ging die Wahl verloren, und die Ära Kohl schien beendet. Schäuble übernahm den Vorsitz der CDU zusätzlich zu seiner Funktion als Vorsitzender der Fraktion. Er war jetzt Oppositionsführer und brauchte einen neuen Generalsekretär – oder besser eine neue Generalsekretärin – für die Partei. Seine Wahl fiel auf Angela Merkel, »Kohls Mädchen«. Vielleicht traute er ihr zu, sich vom »Vater« zu emanzipieren und bei der Erneuerung der Partei nach fünfundzwanzig Jahren unter dem Vorsitz Kohls mitzuwirken.

Doch die Abnabelung der Partei von ihrem Übervater gestaltete sich schwierig und schmerzhaft. Obwohl er als Vorstand zurückgetreten war, war der achtundsechzigjährige Kohl noch immer tatendurstig und konnte sein Parteivolk weiterhin begeistern. Für Schäuble war der »Ehrenvorsitzende« der Partei ein Stein im Schuh. Aber es wurde noch schlimmer. Nach und nach kamen Informationen über unrechtmäßige Spenden an die Partei ans Licht. Der Schatzmeister Walther Leisler Kiep wurde wegen des Verdachts, von dem Waffenlobbyisten Karlheinz Schreiber eine Parteispende angenommen und nicht deklariert zu haben, verhaftet.

Die Ermittlungen legten nahe, dass dies kein Einzelfall, sondern Teil eines Systems zur Gewinnung von Parteispenden war. Kohl gab zu, dass unter seiner Verantwortung schwarze Konten für Parteispenden eingerichtet worden waren, weigerte sich aber, die Namen der Spender zu nennen. Auch Schäuble räumte ein, Schreiber getroffen zu haben, vermittelte aber den Eindruck, dabei keine Spenden entgegengenommen zu haben. Sowohl der Ehrenvorsitzende als auch der Vorsitzende der CDU waren durch die Spendenaffäre politisch schwer angeschlagen.

Vor diesem Hintergrund entschloss sich die Generalsekretärin zu einem Coup. Ohne Absprache platzierte sie am
22. Dezember 1999 einen Artikel in der *Frankfurter Allgemeinen
Zeitung*, den die Zeitung mit dem Titel überschrieb: »Die von
Helmut Kohl eingeräumten Vorgänge haben der Partei Schaden zugefügt«.[68] Merkel befand, dass es nun weniger an Helmut Kohl, sondern an der gegenwärtigen Führung der CDU lag,
die Zukunft in die Hand zu nehmen. »Die Partei muss also laufen lernen, muss sich zutrauen, in Zukunft auch ohne ihr altes
Schlachtross, wie Helmut Kohl sich oft selbst gerne genannt
hat, den Kampf mit dem politischen Gegner aufzunehmen. Sie
muss sich wie jemand in der Pubertät von zu Hause lösen, eigene Wege gehen und wird trotzdem immer zu dem stehen, der
sie ganz nachhaltig geprägt hat – vielleicht später sogar wieder
mehr als heute.«

Damit hatte Merkel genau das getan, was Schäuble von ihr
erwartet hatte: Sie hatte sich von dem gemeinsamen Ziehvater
losgesagt. Schäuble fiel dies wesentlich schwerer. Während Kohl
mit der Niederlegung seines Ehrenvorsitzes den dahin gehenden
Bestrebungen des CDU-Präsidiums zuvorkam, wurde Schäuble in
den Strudel der Spendenaffäre tiefer hineingezogen. Es begann
ein Verwirrspiel um die von Schneider übergebene Parteispende,
in dem Brigitte Baumann, die neue Schatzmeisterin, Schäuble be-
lastete. Schließlich trat er als Partei- und Fraktionsvorsitzender
zurück. Hinter dem Verhalten Schreibers und Baumeisters vermutete er ein intrigantes Spiel, das aus dem Umfeld Kohls minu-
tiös geplant worden sei.[69]

Zu noch von Schäuble angesetzten Regionalkonferenzen für
die CDU-Mitglieder reiste Merkel nun allein. Dort fand sie viel Zu-
spruch. Die Partei war die schmutzigen Geldgeschäfte und Ränkespiele der alten Männer leid. Man sprach von »Angies Roadshow«
auf dem Weg zum Parteivorsitz. Und tatsächlich fiel ihr dieser,

ohne dass sie sich dafür offiziell beworben hätte, wie eine reife Pflaume in den Schoß. Als »Trümmerfrau« sollte sie die Ruinen abräumen, die von den Männern geschaffen worden waren. Allerdings traute man ihr die Doppelfunktion als Partei- und Fraktionsvorsitzende, die Schäuble ausgeübt hatte, nicht zu. Neben sie setzte die Partei Friedrich Merz als Fraktionschef.

Merkels scheinbar müheloser Aufstieg zur Parteichefin war ein heftiger Schlag für einige andere Politiker mit großen Ambitionen. Besonders übel stieß die Personalie einer Seilschaft von ungefähr gleichaltrigen Männern auf, die sich »Andenpakt« nannte. Die Gruppe hatte schon 1979 einen Pakt zur gegenseitigen Unterstützung beim Aufstieg in wichtige Positionen in Partei und Staat geschlossen, als Merkel noch eine unbekannte Doktorandin an der Akademie der Wissenschaften der DDR war.

Zu den Mitgliedern des Pakts gehörten unter anderen Volker Bouffier, Roland Koch, Günther Oettinger und Christian Wulff, die es alle später mindestens bis zum Ministerpräsidenten eines Bundeslands brachten. Zu den in späteren Jahren berufenen Mitgliedern gehören angeblich Friedrich Merz (2005) und Armin Laschet (2018). Als Parteichefin und später Kanzlerin schaffte es Merkel, alle potenziellen Widersacher aus diesem Kreis und anderen Teilen der Partei zu neutralisieren, indem sie entweder ihre

Karrieren beendete oder sie auf andere Karrierepfade umleitete, auf denen sie keine Konkurrenz mehr darstellten.

Ihr erstes und prominentestes Opfer wurde Friedrich Merz. Mit dem Fraktionsvorsitzenden geriet sie schon in der Frage der Ausrichtung der Politik in Konflikt. Während Merz auf einen wirtschaftsliberalen Kurs der Partei drängte, war Merkel in der Wirtschafts- und Sozialpolitik zu Kompromissen mit der rot-grünen Bundesregierung unter Gerhard Schröder bereit. Der Konflikt wurde intensiver, als Merz Ambitionen für eine Kanzlerkandidatur bei der Bundestagswahl 2002 erkennen ließ.

Aber auch andere Mitglieder aus der Führungsriege trauten Merkel eine Kanzlerschaft nicht zu. Als Notnagel für den Parteivorsitz, bis die Krise der CDU überwunden war, mochte sie taugen. Aber dann sollte es auch gut sein. Und der Andenpakt wollte den weiteren Aufstieg Merkels ohnehin verhindern. Seine Mitglieder zogen den bayerischen Ministerpräsidenten Edmund Stoiber vor, der alt genug war, das Kanzleramt nicht zu lange für sie zu blockieren.

Von allen Seiten wurden nun Bedenken gegen die Kanzlerkandidatur Merkels laut. Meist zweifelten die Merkel-Kritiker die Qualifikation der Parteivorsitzenden in Hintergrundgesprächen mit Journalisten an. Der baden-württembergische Ministerpräsident Erwin Teufel erklärte ihr, dass auch er Stoiber bevorzuge. Daraufhin streute Merkel an die Presse, dass die CDU-Ministerpräsidenten hinter ihrem Rücken gegen sie arbeiten würden. Die Presse zeichnete das Bild einer Vorsitzenden, die für höhere Aufgaben ungeeignet war. Doch Merkel verkündete, sie sei bereit zur Kanzlerkandidatur und werde sich mit Stoiber darüber schon einigen. Dass die bayerische Schwesterpartei selbst ihren Vorsitzenden für die Kandidatur vorschlug, schien sie nicht zu beeindrucken.

Insgeheim arrangierte sie jedoch ein Treffen mit Stoiber in dessen Wohnhaus im bayerischen Wolfratshausen und erklärte sich mit dessen Kanzlerkandidatur einverstanden. Ein Teil der Einigung war auch, dass im Fall eines Wahlsiegs Merkel nicht als Ministerin in Stoibers Kabinett eintreten, sondern den Fraktionsvorsitz übernehmen würde. Der amtierende Vorsitzende Merz sollte Finanzminister werden. Taktisch und strategisch war Merkels Schachzug genial. Sie verwehrte ihren innerparteilichen Gegnern die Möglichkeit, ihre Kandidatur scheitern zu lassen, sorgte für den Fall vor, dass Stoiber die Wahl verlor und sicherte sich als Fraktionsvorsitzende eine Position, aus der sie einen neuen Anlauf auf das Kanzleramt nehmen konnte.

Die Erfolgsbilanz der Regierung Schröder sah im Jahr 2002 für viele Wähler eher mager aus. Helmut Kohl hatte in einem grandiosen diplomatischen Coup zwar die deutsche Wiedervereinigung errungen, aber mit seiner populistischen Wirtschaftspolitik hatte er einen dynamischen Aufholprozess des Ostens abgewürgt. Statt der versprochenen »blühenden Landschaften« waren eine Abraumhalde bankrotter Unternehmen und Massenarbeitslosigkeit entstanden.

Durch die Blockadepolitik des SPD-Vorsitzenden Oskar Lafontaine im Bundesrat war eine Bereinigung der Fehler unter Kohl verhindert worden. Aber auch unter Schröder gab es in den Jahren bis 2002 keine deutliche Verbesserung. Die Wirtschaft war durch das Platzen der Technologieblase an den globalen Aktienmärkten geschwächt, und die Arbeitslosigkeit war zwischen 1999 und 2002 gestiegen. Deutschland galt als »der kranke Mann Europas«. Im Land herrschte vor der heißen Phase des Wahlkampfs »Wechselstimmung«, und Stoibers Umfragewerte sahen gut aus.

Doch Schröder kamen im Wahljahr zwei Ereignisse zu Hilfe. US-Präsident George W. Bush bereitete einen Krieg gegen den Irak vor, um von dem dortigen Regime vermeintlich entwickelte Massenvernichtungswaffen zu zerstören. Schröder stellte sich publikumswirksam gegen die US-amerikanische

Militäroperation. Beinahe gleichzeitig dazu ging im August über Südosteuropa ein heftiger Regen nieder, der zu flächendeckenden Überschwemmungen entlang der Moldau und Elbe führte. Schröder watete medienwirksam in Gummistiefeln durch die Fluten und versprach rasche Unterstützung. Erst mit Verzögerung gelang es Edmund Stoiber, sich ebenfalls in Gummistiefeln in den Überschwemmungsgebieten zu präsentieren. Aber da war es schon zu spät. Sein Auftritt wirkte eher lächerlich.

Krieg und Überschwemmung zahlten auf Schröders Konto ein – und er gewann entgegen den früheren Erwartungen die Wahl noch einmal. Stoiber blieb Ministerpräsident in Bayern und Merkel verdrängte Merz vom Fraktionsvorsitz. Zwar brachte ihr dies dessen tiefe Feindschaft ein, aber Merz sollte bis zu ihrem selbstbestimmten Rückzug von der Bundespolitik nicht mehr wagen, sich für diesen Schachzug zu revanchieren.

Nicht einmal Schröder und sein Koalitionspartner Joschka Fischer hatten mit einem erneuten Wahlsieg gerechnet. Die Rückkehr in die Regierung traf sie unvorbereitet. Das Land ächzte unter den verschleppten Reformen in der Wirtschaftspolitik, und Stoiber hielt sich für die Machtübernahme bereit, falls die Regierung Schröder schnell scheitern sollte. Merkel nahm den Vorschlag von Hessens Ministerpräsident Roland Koch auf, einen Ausschuss im Bundestag zur Untersuchung »vorsätzlichen Wahlbetrugs« durch die rot-grünen Koalitionsparteien zu fordern.

Doch die zweite Regierung Schröder nahm diesem Projekt den Wind aus den Segeln, indem der Kanzler am 14. März 2003 im Bundestag ein umfangreiches Reformprogramm für die Wirtschafts- und Sozialpolitik vorstellte. Es hieß »Agenda 2010«. Das Reformpapier war unter der Leitung von Kanzleramtsminister Frank-Walter Steinmeier nach der überraschend gewonnenen Wahl entwickelt worden. Sein Ziel war es, die Rahmenbedingungen für Wirtschaftswachstum und Beschäftigung zu verbessern und den Sozialstaat umzubauen und zu erneuern. Die Maßnahmen enthielten eine Deregulierung des Handwerks, Lockerung des Kündigungsschutzes, Senkung der Lohnnebenkosten der Betriebe durch Erhöhung der Sozialabgaben für die Mitarbeiter, Kürzung des Arbeitslosengelds und Anreize zur Aufnahme von Arbeit, Ein

> ## Wollte Merkel nicht in den Chor der SPD-Kritiker einstimmen, blieb ihr nichts anderes übrig, als die neue Regierungspolitik zu unterstützen.

schränkungen der Krankenversicherungsleistungen, Verlängerung der Lebensarbeitszeit und die Einführung kapitalgedeckter privater Rentenversicherungen sowie mehr Ausgaben für Bildung. Schröder kündigte an: »Wir werden Leistungen des Staates kürzen, Eigenverantwortung fördern und mehr Eigenleistung von jedem Einzelnen abfordern müssen. Alle Kräfte der Gesellschaft werden ihren Beitrag leisten müssen: Unternehmer und Arbeitnehmer, freiberuflich Tätige und auch Rentner. Wir werden eine gewaltige gemeinsame Anstrengung unternehmen müssen, um unser Ziel zu erreichen … Wir verlangen der Gesellschaft heute etwas ab, aber wir tun es, damit den Menschen neue Chancen eingeräumt werden, Chancen, ihre Fähigkeiten zu entwickeln und Höchstleistungen zu erbringen.«[70]

Hatte Schröder vor der Wahl die CDU/CSU schon bei dem Irakkrieg und dem Hochwasser ausmanövriert, kam nun die Wirtschafts- und Sozialpolitik dazu. Dafür nahm er viel Kritik von seiner Partei in Kauf. Wollte Merkel nicht in den Chor der SPD-Kritiker einstimmen, blieb ihr nichts anderes übrig, als die neue Regierungspolitik zu unterstützen. Sie konnte aber kritisieren, dass die marktliberalen Reformen nicht radikal genug seien und

viel radikaler sein müssten. Dafür zog sie einen Vergleich mit der
Spätphase der DDR:»Wir, das ist die Wahrheit, leben von der Subs-
tanz. Für diese bittere Wahrheit haben die, die in der früheren
DDR gelebt haben, durch leidvolle Erfahrung übrigens ein sehr
feines Gespür.«[71] Aus der Situation heraus, in die sie durch Schröders Agenda-Politik geraten war, nahm Merkel die Attitüde der
marktradikalen Reformerin an.

Auf dem Parteitag am 1. Dezember 2003 in Leipzig runde-
te sie das Bild der wirtschaftsliberalen Reformpolitikerin ab.
Deutschland stehe am Scheideweg, sagte sie zu Beginn ihrer
Grundsatzrede. Die Sozialdemokraten erwiesen sich als re-
form- und regierungsunfähig. Aber die CDU wolle Deutschland
wieder nach vorne bringen, sie sei der Reformmotor im Land.
Die zentralen Probleme Deutschlands seien offensichtlich: zu
wenig Arbeit, instabile soziale Sicherungssysteme, hoch verschuldete öffentliche Haushalte, zu wenige Kinder. Auch bei
den Innovationen, bei Bildung und Forschung, falle das Land
immer weiter zurück. Deshalb gebe es nur eine Alternative:
»Entweder werden wir vom Wandel überrollt, oder wir gestalten
den Wandel.«[72]

Auf dem Gebiet der Sozialpolitik nahm der Parteitag unter
ihrer Regie die Vorschläge einer vom ehemaligen Bundespräsidenten Roman Herzog geleiteten Kommission an, die Merkel
im Februar 2003 mit der Ausarbeitung von Reformplänen beauf-
tragt hatte. Die gesetzliche Kranken- und Pflegeversicherung sollte vom bestehenden umlagefinanzierten auf ein kapitalgedecktes
Modell umgestellt werden. Die Versicherten sollten in Zukunft
eine für alle gleiche pauschale Gesundheits- und Pflegeprämie
statt eines Prozentsatzes ihres Einkommens als Beiträge zahlen.
In der Rentenversicherung sollten das Renteneintrittsalter über
einen Demografiefaktor erhöht und die betriebliche und private
Altersversorgung gestärkt werden. Und schließlich sollten in der

Arbeitslosenversicherung die Bezugsdauer von Arbeitslosengeld und die Anreize zur Frühverrentung gesenkt werden.

Bei der Reform der Einkommenssteuer folgte der Parteitag dem Vorschlag des jetzt stellvertretenden Fraktionsvorsitzenden Friedrich Merz, der mit der Forderung Furore gemacht hatte, künftig müsse eine Steuererklärung auf einen Bierdeckel passen. Das bestehende System sollte daher mit nur noch drei Steuerstufen von 12, 24 und 36 Prozent radikal vereinfacht werden. Steuerausnahmen sollten abgeschafft und verschiedene Einkommensarten einheitlich besteuert werden. Die CDU habe auf diesem Parteitag ein entschlossenes und mutiges Signal für Aufbruch und Aufstieg gegeben, kommentierte der CSU-Vorsitzende Edmund Stoiber. Es sei dabei »selbstverständlich«, dass in der CDU und der CSU in der Sache gestritten werden müsse. Aber am Ende werde man eine gemeinsame Position haben. Mit der Prognose des Streits behielt er recht.[73]

Merkel wurde nach dem Parteitag von liberalen Kreisen und Wirtschaftsführern bejubelt. Sogar der *Stern* kommentierte: »Drei Jahre hat die CDU-Chefin taktiert und moderiert. Nun verlässt Angela Merkel die Niederungen der Machtspiele – und wächst zur Radikalreformerin am Sozialstaat. Viele vergleichen sie schon mit Margaret Thatcher, der Eisernen Lady.«[74] Merkel war »die neue Maggie«. Sogar Gerhard Schröder konnte sich für Merkel erwärmen, denn er hatte große Schwierigkeiten, die SPD-Genossen von seiner Agenda zu überzeugen. Jetzt sei ja klar, dass man an einer Reform der Sozialsysteme nicht mehr vorbeikomme. Merkel sorgte dann auch für die Zustimmung der CDU/CSU zu den Agenda-Gesetzen.

Schröders Agenda war allerdings alles andere als populär. Als Mitte 2004 die Bezieher von Arbeitslosenunterstützung mit den Einzelheiten der Hartz IV genannten Reform konfrontiert wurden, lief eine Protestwelle durch das Land. Die CSU bekam kalte

Füße und setzte sich von Schröders Agenda und »Maggie Merkels« noch radikaleren Umbauplänen ab. Bei der Europawahl und den Landtagswahlen im Verlauf von 2004 wurde die CDU abgestraft. Schließlich einigten sich Stoiber und Merkel im November auf einen Kompromiss zur Verwässerung der Gesundheitsreform. Die Wirtschaftskreise reagierten enttäuscht.

Als dann am 1. Januar 2005 die Hartz-Reformen in vollem Umfang in Kraft traten, blies Gerhard Schröder ein heftiger politischer Sturm ins Gesicht. Die SPD verlor die Landtagswahl in ihrem Stammland Nordrhein-Westfalen, und die Partei drohte zu meutern. Schröder und SPD-Parteichef Franz Müntefering verkündeten überraschend, sie wollten vorgezogene Neuwahlen zum Bundestag, um die Verhältnisse zu klären. CDU und CSU fehlte die Zeit für Ränkespiele um die Kanzlerkandidatur, sodass sie nun Merkel in den Schoß fiel.

Zunächst profitierten CDU und CSU vom Niedergang der SPD in den Umfragen. Medien und die Öffentlichkeit gingen von einer Niederlage der Sozialdemokraten aus und sahen Merkel schon vor der Wahl als neue Kanzlerin. Doch die rühmte weiterhin Schröders Agenda und hielt an den Überresten ihres Leipziger Reformprogramms fest. Für den Wahlkampf bildete sie ein »Kompetenzteam«, das viele als Schattenkabinett im Vorgriff auf ihre künftige Regierung betrachteten. Für den Bereich Wirtschaft und Finanzen berief sie den ehemaligen Verfassungsrichter und Steuerexperten Paul Kirchhof und stellte ihn als designierten Finanzminister vor.

Der politisch unerfahrene Jurist scherte sich wenig um das Wahlprogramm von CDU und CSU und propagierte im Wahlkampf sein eigenes Modell für ein neues Einkommensteuersystem. In Anlehnung an den Bierdeckel von Merz wollte Kirchhof nur drei Steuersätze von 15, 20 und 25 Prozent und den Wegfall aller Zuschläge bei Nacht- und Sonntagsarbeit. Den vom Verlangen nach

»sozialer Gerechtigkeit« beseelten deutschen Wahlbürgern jagte dies wie vordem die Gesundheitsprämie Angst ein.

Schröder machte sich das zunutze und bezeichnete Kirchhof fortan nur noch als den »Professor aus Heidelberg«. Damit flößte er den Wählern ein, dass der weltfremde Universitätsgelehrte keine Ahnung von ihren Bedürfnissen und Sorgen hätte. Es könne doch nicht sein, sagte er, dass die Sekretärin nicht nur den gleichen Beitrag zur Krankenkasse, sondern auch noch den gleichen Steuersatz zahle wie ihr besser verdienender Chef.

Wie im Wahlkampf gegen Stoiber 2002 holte Schröder auch gegen Merkel 2005 gewaltig auf. Am Ende gewann die Union nur 35,2 Prozent der Stimmen, knapp vor der SPD, die 34,2 Prozent einfuhr. Merkel war als Tiger in den Wahlkampf gesprungen und als Bettvorleger gelandet. Es war nicht ausgeschlossen, dass die Ränkeschmiede in der Union den verpatzten Sieg zum Anlass nehmen würden, die ungeliebte Parteichefin zu stürzen.

Doch in der sogenannten Elefantenrunde des öffentlichen Fernsehens am Wahlabend gab sich der Amtsinhaber schon vor dem Ende der Auszählungen als Sieger. Der eindeutige Verlierer der Wahl sei Angela Merkel, sagte Schröder. Und siegestrunken fügte er hinzu, dass niemand außer ihm in der Lage wäre, eine stabile Regierung zu bilden. Ohne seine Führung sei eine Koalition mit der SPD nicht zu machen. Die aber würde die CDU brauchen, denn mit dem Wunschpartner FDP käme sie nicht auf die Mehrheit der Sitze im Bundestag.

Doch wie Merkel im Wahlkampf verrechnete sich Schröder nun in der Wahlnacht. Nach seinem erneuten Zugriff auf das Kanzleramt trotz der Stimmenmehrheit der Union musste sich die Führungsriege der Partei um ihre Kandidatin scharen. Die Zeit fehlte, die Kandidatin in die Wüste zu schicken und mit der SPD eine Regierung unter einem anderen CDU-Kanzler auszuhandeln. Drei Wochen lang pokerten Schröder und Merkel um das

Kanzleramt, bis sich der SPD-Vorsitzende Müntefering schließlich zu einer Beteiligung seiner Partei als Juniorpartner an einer Großen Koalition ohne Schröder bereit erklärte.

Er stellte aber eine Bedingung: Angela Merkel müsste sich von ihrem marktwirtschaftlichen Reformprogramm lossagen. Sie zögerte keinen Augenblick, die Maßgabe zu akzeptieren. Klaglos überließ sie der SPD auch die Schlüsselministerien für Äußeres, Finanzen sowie Arbeit und Soziales, die der Koalition damit ihren Stempel aufdrücken konnte.

Wie ein Chamäleon, das sich in der Farbe seiner Umgebung geirrt und daher beinahe zur Beute eines Raubtiers geworden wäre, passte sie sich unverzüglich an. Maggie Merkel war ein Ausrutscher gewesen, der korrigiert werden musste. Ähnlich hatte sie sich in der DDR verhalten, um ihr Fortkommen nicht zu gefährden. Wie Putin hatte Merkel erfahren, dass die zentrale Planwirtschaft des Sozialismus nicht funktioniert hatte und das Sowjetimperium daran untergegangen war. Eine innere Überzeugung, was an deren Stelle treten konnte, hatte sie aber nicht. Folglich ließ sie sich vom Zeitgeist führen, der zunächst mehr und dann weniger marktwirtschaftliche Politik wollte.

A ngela Merkel hatte wieder einmal einen langen Tag gehabt. Zum üblichen Pensum kam seit mehr als einem Jahr die Dauerkrise um Griechenland dazu, die zu einer Krise der Währungsunion gewachsen war. Am Nachmittag hatte sie mit dem starrköpfigen griechischen Ministerpräsidenten Georgios Papandreou telefoniert. Dann hatte sie auch noch der zappelige französische Präsident Nicolas Sarkozy genervt. Und trotz alledem hatte sie das schon länger anberaumte Abendessen mit der Gruppe Bankökonomen zur Diskussion der verworrenen Lage durchgestanden. Mit dem, was ihr diese Leute sagten, konnte sie wirklich gar nichts anfangen. Endlich kam das obligatorische Gruppenfoto, ohne das nicht einmal Bankökonomen nach einem Treffen mit ihr das Kanzleramt verlassen sollten. Die Ökonomen stellten sich auf Anweisung des Fotografen brav in einer Ecke des Raums auf. Sie trat hinzu und sagte: »Früher sagten wir bei dieser Gelegenheit ›Cheese‹. Heute heißt es ›no Greece‹.« Sie drehte sich dem Fotografen zu, lächelte in die Kamera und sagte unhörbar: »Grease«.[75]

In den USA etablierte sich für die wirtschaftliche Angebotspolitik Ronald Reagans der Ausdruck *Reaganomics*. Später wurde auf ähnliche Art die für ihn typische Wirtschaftspolitik (die »*economics*«) eines Politikers mit seinem Namen verbunden. Merkels wirtschaftspolitischer Stil ist nicht von einer richtungsweisenden Idee geprägt. Er zeichnet sich durch die Verdrängung aufkommender wirtschaftlicher Probleme von der politischen Bühne ohne wirkliche Lösung aus. Doch durch die Häufung der Fälle entstand ein Muster: *Merkonomics*. Verbunden mit einer Drift zum immer größeren Wohlfahrtsstaat verhält sich *Merkonomics* zu den anderen -*onomics* wie ein Negativabzug zum Positivbild.

Finanzkrise

Hinter den Mauern des Sowjetimperiums aufgewachsen und zur Physikerin ausgebildet, verstand Angela Merkel herzlich wenig von Wirtschaft und Finanzen, als sie auf den Höhen der politischen Macht angekommen war. Davon zeugt ihre Wahl für das Amt des Bundespräsidenten, mit der sie in der Erwartung eines Siegs bei der nächsten Bundestagswahl im Frühjahr 2004 ihre künftige Koalitionsregierung vorbereiten wollte. Mit ihrem Wunschpartner FDP wollte sie zum Auftakt für den kommenden Machtwechsel einen gemeinsamen Kandidaten gegen den Vorschlag der amtierenden rot-grünen Koalition durchsetzen. Aus der Schnittmenge der Präferenzen von CDU, CSU und FDP kam der ehemalige Sparkassenpräsident und von Rot-Grün zum geschäftsführenden Direktor des Internationalen Währungsfonds gekürte Horst Köhler hervor.

Der »Managing Director« des IWF ist die wohl einflussreichste Position im globalen Währungs- und Finanzsystem. Der Internationale Währungsfonds prüft nicht nur regelmäßig die Wirtschaftspolitik jedes seiner Mitgliedsländer, sondern kann auch Hilfskredite mit wirtschaftspolitischen Auflagen an Staaten in finanziellen Nöten vergeben. Aufgrund einer informellen Übereinkunft zum Zeitpunkt seiner Gründung wird der IWF von einer Europäerin oder einem Europäer geführt. Frankreich erwies sich als besonders geschickt, diese Position immer wieder mit einem seiner hohen Staatsbeamten oder Politiker zu besetzen. Mit Köhler war zum ersten Mal in der Geschichte des IWF ein deutscher Staatsbürger an die Spitze gekommen.

Diese einflussreiche Position aufzugeben, um das repräsentative Amt des Bundespräsidenten zu besetzen, zeugte von der provinziellen Denkweise Merkels und vieler anderer deutscher Politiker. Nur Friedrich Merz wies auf die für Deutschland unvorteilhafte Personalpolitik der CDU-Vorsitzenden hin. Doch sein Einwand wurde schnell als Retourkutsche für die ihm von Merkel bereitete politische Niederlage abgetan.[76]

Köhler war schnell bereit, den Wechsel zu vollziehen. Für den IWF und Deutschland war sein Weggang schließlich wohl doch kein Verlust. Im Fonds galt er als nicht besonders kompetent, und man sagte ihm eine Neigung zu cholerischen Ausfällen nach. Als Bundespräsident beklagte er in der Finanzkrise, dass sich die internationalen Finanzmärkte zu einem Monster entwickelt hätten, das jetzt in die Schranken gewiesen werden müsste.[77] Dabei wäre es seine Aufgabe als geschäftsführender Direktor des IWF gewesen, diese Entwicklung zu verhindern. Schließlich schmiss er das Amt des Präsidenten beleidigt hin, als ihm seine Aussage, Militäreinsätze könnten auch wirtschaftlichen Interessen dienen, Kritik einbrachte. Merkels opportunistische Personalpolitik war in jeder Hinsicht nach hinten losgegangen.

Gut ein Jahr nach ihrem Amtsantritt bahnte sich jedoch eine Entwicklung an, die ihr zu einem Crashkurs in Banken- und Finanzmarktpolitik verhelfen sollte. Seit Ende der Achtzigerjahre hatten technischer Fortschritt und Globalisierung weltweit die Konsumentenpreisinflation gezähmt. In latenter Furcht vor Deflation drückten die Zentralbanken die Zinsen auf historische Tiefstände und befeuerten damit den Anstieg der Preise für Vermögenswerte wie Aktien und Immobilien. Auf gelegentliche Einbrüche aufgeblasener Aktienmärkte reagierte die US Federal Reserve, die leitende Zentralbank der Welt, verlässlich mit Zinssenkungen zur Wiederbelebung.

Nach dem Platzen der Technologieblase in den Jahren von 2000 bis 2002 hielt sie die Geldpolitik besonders lange sehr locker, da die durch den Aktiencrash ausgelöste milde Rezession zusätzlich auf die Konsumentenpreisinflation drückte. Ungewollt beförderte die Fed damit aber eine Preisblase am

US-Immobilienmarkt. In Europa hatten die Notenbanken der sich bildenden Währungsunion ihre Zinsen auf das niedrige Niveau Deutschlands gesenkt und damit ihre eigenen Immobilienpreisblasen geschaffen. Die neu gegründete Europäische Zentralbank (EZB) folgte aufgrund der niedrigen Konsumentenpreisinflation dem globalen Trend zu Niedrigzinsen. So konnten nicht nur die Immobilienpreisblasen in den betroffenen Mitgliedsländern der Währungsunion weiter gedeihen, sondern die Staaten auch ihre Verschuldung zu Tiefzinsen erhöhen.

Im Jahr 2004 begann die US Federal Reserve schließlich, in Trippelschritten ihren Leitzins, die Federal Funds Rate, zu erhöhen. Lange passierte gar nichts. Doch Anfang 2007 kippte ein besonders anfälliger Teil des US-amerikanischen Hypothekenmarkts, der als Subprime-Segment damals nur Eingeweihten bekannt war. Als *subprime* wurden in den USA Hypotheken an Schuldner mit geringer Bonität bezeichnet. Früher hatten Schuldner dieser Kategorie kaum die Möglichkeit gehabt, Hypotheken zum Hauserwerb aufzunehmen. Doch die Politik wollte auch einkommensschwachen Klassen den Besitz von Eigenheimen ermöglichen, um den Unmut über durch die Globalisierung gedrückte Löhne zu verringern. Die Finanzindustrie schien dafür die Lösung zu haben. Hypotheken mit erhöhter Ausfallwahrscheinlichkeit sollten gebündelt und in einem Wertpapier so verpackt werden, dass das Ausfallrisiko dieses Papiers unter und seine Bonität über denen der einzelnen Hypotheken lag. Die Finanzindustrie versprach also, mit Alchemie minderwertige Ware in Gold zu wandeln.

Die strukturierten Hypothekenpapiere, Collateralized Mortgage Obligations genannt, wurden nicht nur bei US-amerikanischen, sondern auch bei deutschen Anlegern sehr beliebt. Eine besondere Rolle spielten dabei deutsche Landesbanken. Aufgrund einer im Jahr 2001 erlassenen Verordnung der Europäischen

Union sollte die Haftung des deutschen Staats für die Verbindlichkeiten dieser Banken (die Gewährträgerhaftung) bis 2005 abgeschafft werden. Damit würde es ab 2005 für diese Banken teurer werden, am Finanzmarkt Geld aufzunehmen.

Folglich nahmen die Landesbanken Geld auf Vorrat auf und suchten nach sicheren Anlagen dafür. Die US-amerikanischen Hypothekenpapiere erschienen ideal. Es gab Tranchen mit dem gleichen Top-Rating wie die Schuldpapiere der Landesbanken, aber mit höheren Zinsen, als die Landesbanken selbst zu zahlen hatten. Damit schien eine einträgliche Geldanlage ohne Risiko und eigene Anstrengung möglich. Nicht nur die Landesbanken, sondern auch andere Geldinstitute und sogar Privatanleger glaubten an die Alchemie der US-Finanzindustrie und kauften die US-Papiere in erheblichem Umfang. Die dem Finanzminister unterstehende Behörde zur Aufsicht von Finanzinstituten und die Bundesbank hatten nichts dagegen einzuwenden.

Zu Steigerung ihrer Attraktivität waren viele US-amerikanische Subprime-Hypotheken zu niedrigen Anfangszinsen vergeben worden, die jedoch nach ein bis zwei Jahren an die Marktzinsen angepasst werden würden. Als im Verlauf von 2006 die Festzinsen ausliefen und die inzwischen gestiegenen Marktzinsen maßgeblich wurden, kamen viele Schuldner in Zahlungsschwierigkeiten. Anfang 2007 kam es zu Zahlungsausfällen in größerem Umfang. Die Bündelung der einzelnen Hypotheken hätte die Besitzer der Hypothekenobligationen vor den Zahlungsausfällen weitgehend schützen sollen, doch die Technik versagte. Sie war für vereinzelte, aber nicht massenhafte Ausfälle konstruiert worden.

Im Mai und Juni 2007 offenbarten Kreditfonds der US-Investmentbank Bear Stearns hohe Verluste aus Anlagen in Hypothekenpapieren und wurden schließlich liquidiert. Im Juli geriet die IKB Deutsche Industriebank aufgrund von Verlusten aus diesen Anlagen in Schieflage und musste gerettet werden. Medienberichten zufolge sprach Jochen Sanio, Präsident der Bundesanstalt für Finanzdienstleistungsaufsicht (BaFIn), in der Telefonkonferenz zur Vereinbarung des Rettungspakets davon, dass die größte Bankenkrise seit 1931 drohe. Die öffentlich-rechtlichen HSH Nordbank, die SachsenLB, die WestLB, die Landesbank Baden-Württemberg und die BayernLB schlidderten ebenfalls in die Krise.

Im August schloss die französische Investmentbank BNP Paribas Geldmarktfonds aufgrund von Verlusten. Die Furcht vor Ausfällen von Hypotheken schwappte auf Europa über und führte im September zu einem Bankansturm auf die britische Hypothekenbank Northern Rock, die schließlich im Februar 2008 verstaatlicht wurde. Im März 2008 kam die US-Investmentbank Bear Stearns in Schieflage und wurde von der Großbank JPMorgan Chase übernommen, nachdem die US Federal Reserve die Übernahme sämtlicher Verlustrisiken bis zu 29 Milliarden US-Dollar zugesagt hatte.

In Europa war Sanios Kassandraruf längst verhallt, und man betrachtete die Hypothekenkrise als amerikanisches Problem. Im Juli 2008 hob die Europäische Zentralbank sogar ihren Leitzins noch einmal an, während die US-Regierung ankündigte, die öffentlichen Hypothekenbanken Fannie Mae und Freddie Mac mit Krediten und Aktienkäufen in Milliardenhöhe zu stützen, um einen Bankrott zu verhindern. Im September kam dann die US-amerikanische Investmentbank Lehman Brothers in Schieflage, und diesmal schlugen die Rettungsversuche fehl.

Am 15. September 2008 beantragte die Bank Insolvenz und löste damit einen Orkan im globalen Finanzmarkt aus. Man befürchtete, dass nun weltweit Finanzinstitute wie Dominosteine umfallen würden, wie es in den früheren Dreißigerjahren der Fall gewesen war. Um einen noch größeren Schaden zu vermeiden, übernahm die US Federal Reserve einen Tag später die American

International Group (AIG), die Hypothekenpapiere versichert hatte.

Dennoch gingen die Turbulenzen an den Finanzmärkten und das Tauziehen der US-Regierung mit dem Kongress um Maßnahmen zur Stabilisierung der Banken und Märkte weiter. In den folgenden Tagen versuchten US-Finanzminister Henry Paulson

Im September kam dann die US-amerikanische Investmentbank Lehman Brothers in Schieflage, und diesmal schlugen alle Rettungsversuche fehl.

und Federal-Reserve-Chef Ben Bernanke vergeblich, den US-Kongress zur Freigabe von 700 Milliarden US-Dollar zur Übernahme maroder Hypothekenanleihen zu bewegen.

Erst als die Aktienmärkte in den freien Fall übergingen, stimmte der Kongress am 3. Oktober dem Rettungsfonds im Emergency Economic Stabilization Act of 2008 zu. Dennoch fielen die Aktienpreise weiter, bis sie Anfang März 2009 ihren Tiefpunkt erreichten. Zinssenkungen der Zentralbanken, die Flutung der Banken mit Zentralbankgeld und ihre Rettung mit Steuergeld hatten schließlich den völligen Zusammenbruch des globalen Finanzsystems verhindert. Auch die Wirtschaft begann im Frühjahr 2009 wieder Tritt zu fassen.

Bundeskanzlerin Merkel hatte die Bankenkrise zunächst als rein US-amerikanisches Problem gesehen. In der Generalaussprache des Bundestags am 17. September 2008, zwei Tage nach der Lehman-Pleite, sprach sie die Turbulenzen auf den globalen Finanzmärkten zwar an, befand aber mit Bezug auf Informationen von Bundesbank und Finanzaufsicht, »dass sich im Fall des Kreditinstituts Lehman Brothers das Engagement deutscher Kreditinstitute glücklicherweise in einem überschaubaren

Rahmen hält«. Die internationale Konjunktur stünde auf breiten Beinen, sodass »die Auswirkungen auf die übrige Wirtschaft in Deutschland bislang moderat« seien.[78]

Mit dieser Einschätzung stand sie nicht allein da. Noch am 3. September hatte sich Finanzminister Peer Steinbrück (SPD) gegen Warnungen vor einer Rezession gewehrt: »Ich halte es für vollkommen unverantwortlich, wenn einige Pessimisten auf Basis nur eines einzigen Quartals mit leicht negativem Wachstum das Schreckgespenst der Rezession an die Wand malen.«[79]

Nach der Lehman-Pleite war der Geldmarkt unter Banken ausgetrocknet, weil sie sich gegenseitig misstrauten. Dadurch kam die irische Tochter Depfa Bank der Münchner Hypo-Real-Estate-Bankholding in Finanzierungsschwierigkeiten. Am 29. September einigten sich Jochen Sanio, Peer Steinbrück, Martin Blessing von der Commerzbank, Josef Ackermann von der Deutschen Bank und Klaus-Peter Müller vom Bundesverband deutscher Banken darauf, der Hypo Real Estate eine Ausfallbürgschaft in Höhe von 35 Milliarden Euro zur Verfügung zu stellen. Doch bald schon zeigte sich, dass dies nicht reichen würde.

Am Sonntag, dem 5. Oktober, erreichte Merkel die Nachricht, dass die Bundesbank erhöhte Barabhebungen, besonders in 500-Euro-Scheinen, an den deutschen Geldautomaten verzeichnete. Die Gefahr eines größeren Bank Run als in Großbritannien zeichnete sich ab. Auf Anraten von Bundesbank und Finanzaufsicht trat die Kanzlerin mit ihrem Finanzminister noch am selben Tag um 14:30 Uhr vor die Fernsehkameras und gab eine staatliche Garantie der Bankeinlagen: »Wir sagen den Sparerinnen und Sparern, dass ihre Einlagen sicher sind.«[80] Mit Blick auf die Hypo Real Estate fügte Steinbrück hinzu: »Die Bundesregierung lehnt es ab, von diesem Bankinstitut in eine Art Mitverantwortung dafür gezogen zu werden oder dass Risiken einseitig über den Steuerzahler darüber verlagert werden. Dessen unbenommen sind wir uns unserer gesamtstaatlichen Verantwortung bewusst, dass dieses Institut stabilisiert werden muss, weil sonst der Schaden nicht nur für die Bundesrepublik Deutschland, sondern erkennbar für viele mit uns vernetzte Finanzdienstleister in Europa unabsehbar groß wäre.«

Doch die Stabilisierung der Hypo Real Estate allein reichte nicht aus, um den deutschen Bankensektor insgesamt zu stabilisieren. Folglich brachte Merkel am 15. Oktober einen Rettungsschirm für alle Banken in den Bundestag ein, der am 17. Oktober als Finanzmarktstabilisierungsgesetz im Eilverfahren verabschiedet wurde. Darin enthalten war ein Finanzmarktstabilisierungsfonds (SoFFin) in Form eines Sondervermögens des Bunds mit einer Finanzierungskapazität von 480 Milliarden Euro. Darüber hinaus wurde das Finanzministerium ermächtigt, weitere 20 Milliarden Euro aufzunehmen, um Forderungen, die aus Garantien resultierten, zu befriedigen.

Die Bundesregierung glaubte, mit diesen Maßnahmen größeren Schaden von der Wirtschaft abgewendet zu haben. Noch am 25. November hielt Finanzminister Steinbrück an der Regierungsprognose eines Wachstums des Bruttoinlandsprodukts im Jahr 2009 um 0,2 Prozent fest.[81] Die meisten Wirtschaftsprognostiker fanden diese Vorhersage kurios. Tatsächlich schrumpfte das Bruttoinlandsprodukt dann in diesem Zeitraum auch um 4,4 Prozent.

Ende 2008 hatte Angela Merkel ihren Crashkurs in Banken- und Finanzmarktpolitik abgeschlossen. Man kann nicht sagen, dass sie besonders schnell gelernt hätte. Lange hatte sie ja geglaubt, dass die Finanzkrise vorwiegend eine US-amerikanische Angelegenheit war und Deutschland davon weitgehend verschont bleiben würde. Als diese Sicht nicht mehr zu halten war, dachte sie, dass die Banken selbst damit fertigwerden könnten. Und als sich auch dies als falsch erwies, versuchte sie, die Krise mit begrenzten staatlichen Maßnahmen in den Griff zu bekommen. Erst als ein breiter Bankenansturm drohte, holte sie zum großen Wurf aus. Dabei hätte sie von den Erfahrungen in den USA, die der deutschen Entwicklung immer einige Wochen voraus waren, lernen können.

Ebenso bewegte sich ihre Ursachenanalyse eher an der Oberfläche. Für die Krise machte sie vor allem Gier, verantwortungslose Spekulation und Missmanagement im Finanzsektor verantwortlich. Weil man es mit »Exzessen der Märkte zu tun« habe, sei es die Aufgabe des Staates, zu kontrollieren. Später präzisierte sie, dass kein Finanzprodukt, kein Akteur und kein Markt ohne Regeln bleiben dürfe.[82] Die Zinspolitik der Zentralbanken und das Versagen der staatlichen Aufsicht ließ sie in ihrer Analyse außen vor.

Da eine gründliche Fehleranalyse unterblieb, wurden die Probleme im Finanzsektor nicht gelöst, sondern nur von der Bühne abgeräumt. Die Wiederkehr wurde dadurch angelegt. Auch in der Mitte ihrer ersten Legislaturperiode hatte sich Angela Merkel mehr von den Umständen treiben lassen, als diese zu gestalten. Aber auf Gestaltung hatte sie ja schon in der Verabredung mit Franz Müntefering zur Großen Koalition verzichtet.

Eurokrise

Während deutsche Banken und Anleger von der Finanzkrise hart getroffen worden waren, weil sie begierig in US-amerikanische Hypothekenanleihen investiert hatten, fühlten sich die meisten anderen Mitgliedsländer der Europäischen Währungsunion davon kaum berührt. Mario Draghi, damals Gouverneur der

Bank von Italien, scherzte: »Unsere Banker haben diese Anleihen nicht gekauft, da sie nicht genug Englisch verstehen.« Noch im Juli 2008 fand die EZB, dass von der Inflation eine größere Gefahr drohe als von einer möglichen Rezession, und hob ihren Leitzins an. Doch im Verlauf von 2009 änderte sich das Bild. Während in den USA die wirtschaftliche Erholung begann, zogen am europäischen Himmel dunkle Wolken auf.[83]

Am 4. Oktober 2009 gewann die sozialistische Partei PASOK in Griechenland die Parlamentswahl und Georgios Papandreou wurde Premierminister. Nach einem Kassensturz der neuen Regierung erklärte Finanzminister Giorgos Papakonstantinou am 20. Oktober, dass sich das Haushaltsdefizit im laufenden Jahr wohl auf 12,7 Prozent des Bruttoinlandsprodukts belaufen würde (am Ende wurden es dann 15,4 Prozent, und es stellte sich heraus, dass Griechenland mit gefälschten Zahlen den Beitritt zur Währungsunion erschwindelt hatte).

Die Finanzmärkte nahmen es zunächst erstaunlich gelassen. Die Differenz zwischen den Renditen auf zehnjährige Staatsanleihen Griechenlands und Deutschlands (Spread genannt) war im Verlauf des Jahres von 2,2 Prozentpunkten im Januar auf 0,8 Prozentpunkte im Juli gefallen und stieg im Verlauf der folgenden Monate wieder auf 2,1 Prozentpunkte im Dezember. Anfang 2010 begannen die Märkte dann die Nerven zu verlieren, und der Spread schoss nach oben. Der griechische Staat verlor den Zugang zum Finanzmarkt.

Im Mai stand die Rückzahlung auslaufender griechischer Staatsanleihen an, für die der griechische Staat kein Geld in der Kasse hatte und auf dem Finanzmarkt nicht mehr leihen konnte. Griechenland stand vor dem Bankrott. Man fürchtete, dass sich mit einer Pleite Griechenlands eine Finanzschmelze wie nach der Lehman-Pleite wiederholen könnte. Am 23. April beantragte die griechische Regierung daher Finanzhilfen und erhielt Anfang Mai

Nach dem »Sündenfall« durch den griechischen Bail-out versuchte Angela Merkel wieder auf den Pfad der Tugend zurückzukehren.

77,3 Milliarden Euro von einer Koalition »williger« Euroländer und dazu 30 Milliarden Euro vom IWF.

Doch der Geist war aus der Flasche. Die Finanzmärkte spekulierten darauf, dass andere Länder ebenfalls in Schieflage geraten könnten. In der Nacht vom 9. auf den 10. Mai beschlossen daher die europäischen Regierungschefs, eine Europäische Finanzstabilisierungsfazilität (EFSF) zu gründen, eine Aktiengesellschaft, die bis zu 440 Milliarden Euro ausleihen konnte. Das ging nicht ohne Vorbereitung, und die Märkte drängten. Folglich sprang die Europäische Zentralbank mit Anleihekäufen zur Beruhigung der Märkte und Abwehr von Staatsbankrotten ein.

Am 9. Mai trat das Securities Markets Programme (SMP) in Kraft, aufgrund dessen die EZB in den Monaten Mai und Juni Anleihen gefährdeter Staaten im Wert von ungefähr 60 Milliarden Euro kaufte. Faktisch waren damit die in den Verträgen zur Europäischen Union verankerten Verbote der Rettung von Staaten in finanzieller Notlage (»Bail-out-Verbot«) und der Staatsfinanzierung durch die Europäische Zentralbank zur Makulatur geworden. Am 21. Mai brachte dann der Bundestag mit dem Stabilisierungsmechanismusgesetz den EFSF auf den Weg.

Nach dem »Sündenfall« durch den griechischen Bail-out versuchte Angela Merkel wieder auf den Pfad der Tugend zurückzukehren. Nach Europarecht sollten insolvente Mitgliedsstaaten der Währungsunion bankrottgehen, statt von den anderen auf Dauer gestützt zu werden. Auf einem Spaziergang im französischen Badeort Deauville kam die Bundeskanzlerin am 18. Oktober

2010 mit dem französischen Präsidenten Nicolas Sarkozy überein, private Gläubiger an der Umschuldung zahlungsunfähiger Eurostaaten zu beteiligen. Da sich die finanzielle Situation Griechenlands auch nach den Finanzhilfen weiter verschlechtert hatte, beschlossen die Eurostaaten im Juli 2011, von den privaten Gläubigern den Verzicht auf einen Teil ihrer Forderungen zu verlangen.

Die Idee, die Schuld zahlungsunfähiger Eurostaaten durch einen Schuldenschnitt (genannt Haircut) zu verringern, war jedoch höchst umstritten. Deshalb betonte Merkel nach dem Krisengipfel europäischer Staatschefs am 21. Juli 2011, dass der Fall Griechenlands einzigartig sei. Nach langen und zähen Verhandlungen wurde die Umschuldung schließlich im April 2012 abgeschlossen. Doch der Finanzmarkt glaubte nicht an die »Einzigartigkeit« des griechischen Falls. Schließlich wuchsen auch anderen Eurostaaten die Schulden über den Kopf. Irland und Portugal erhielten schon Finanzhilfen, Spanien schien auf dem Weg dorthin – und beantragte im Juli dann auch Mittel zur Sanierung der Banken.

All das war aber überschattet von Italien, dessen Finanzbedarf die Kapazitäten der Rettungsfonds gesprengt hätte. Sollte es Italien nicht mehr möglich sein, sich durch Neuemissionen, also durch neue Ausgaben von Finanzinstrumenten, das Geld für die Rückzahlung fälliger Anleihen zu beschaffen, müsste das Land aus der EWU austreten und könnte seine Schulden nur noch in einer abgewerteten neuen Währung zurückzahlen.

Die Sorge der Märkte über Staatsbankrotte und den Zerfall der Währungsunion drückte sich in der Ausweitung der Spreads der Renditen auf Staatsanleihen der Krisenländer zu Deutschland aus. Am 15. November 2011 erreichte der Spread für Italien 5,5 Prozentpunkte, und nach einem vorübergehenden Rückgang kletterte er bis zum 25. Juli 2012 wieder auf 5,1 Prozentpunkte. Die Rendite auf zehnjährige Staatsanleihen erreichte 6,5 Prozent.

Tabelle 4

UMVERTEILUNG ÜBER EU-HAUSHALT
UND HILFSPROGRAMME (2008–2017)

	MIO. EUR	EUR PRO KOPF UND JAHR
1.1 Griechenland*	114.383	1.049,18
2.9 Polen	103.692	272,61
3.3 Portugal	46.033	440,78
11.2 Litauen	13.740	459,2
3.10 Vereinigtes Königreich	−64.998	−101,1
2.7 Frankreich	−79.754	−121,2
1.3 Deutschland	−137.654	−168,98
6.1 Schweden	−17.159	−178,34
5.2 Niederlande	−29.131	−173,34

Quelle: Kullas, Rudolph und Elemenler (2020)
* Die erste Zahl gibt den gesamten, die zweite den Rang pro Kopf an.

Bei einer Staatsverschuldung von 120 Prozent des Brutto-inlandsprodukts würde der italienische Staat 7,8 Prozent des BIP allein für Zinszahlungen ausgeben müssen, wenn sich dieser Zins auf alle Finanzierungsinstrumente erstrecken würde. Das wäre deutlich mehr als jemals seit Beginn der Europäischen Wirtschafts- und Währungsunion (EWU). Ein Ding der Unmöglichkeit. Italien würde aus der EWU austreten müssen, da mit der Mitgliedschaft ja gerade ein Rückgang der Belastung durch hohe Zinsen hatte erreicht werden sollen.

Am 26. Juli 2012 hielt der italienische EZB-Präsident Mario Draghi bei einer Investorenkonferenz in London eine Rede. Seine Botschaft war, dass der Euro fester im Sattel saß, als die Finanzmärkte glaubten. Insbesondere unterschätzten sie den politischen Willen, ihn zu verteidigen. Und dann fügte er die entscheidenden

Worte hinzu: »Aber es gibt noch eine andere Botschaft, die ich Ihnen mitteilen möchte. Im Rahmen unseres Mandats wird die EZB alles tun, was nötig ist, um den Euro zu erhalten. Und glauben Sie mir, es wird genug sein.«[84]

Damit hatte er den Charakter des Euro endgültig und klar definiert: Die europäische Einheitswährung war Staatsgeld – zu hundert Prozent. Vom Mittel zum Tausch und zur Wertaufbewahrung für die Bürger wurde sie zum Instrument der Politik, vor allem für die Finanzierung klammer Eurostaaten.

Allgemein wird bezweifelt, dass Draghi dies ohne die Rückendeckung von Bundeskanzlerin Merkel hätte tun können. Diese hatte eine Schuldenvergemeinschaftung über Euro-Bonds (mit gemeinsamer Haftung aller Eurostaaten) ausgeschlossen, »solange sie lebe«. Aber dagegen, dass der Euro vom Bürgergeld zum Finanzierungsinstrument für die Eurostaaten transformiert worden war, erhob sie keinen wahrnehmbaren Einspruch.

Über die Zeit wurde aus der EFSF ein »Europäischer Stabilitätsmechanismus« und aus dem SMP ein gigantisches Asset Market Purchase Programme. Die ursprünglich befristet geplanten Notmaßnahmen mutierten zu einem riesigen Euro-Rettungsmechanismus. Deutschland zahlte schon unter den Regierungen vor Merkel hohe Beiträge an die Europäische Union. Mit dem Umbau der Währungsunion zur Transfer- und Haftungsgemeinschaft sind die Belastungen gewaltig gestiegen.

Eine Ende 2019 erschienene Studie kommt zu dem Schluss, dass über den Haushalt der Europäischen Union und die Finanzhilfeinstitutionen der EU von deutschen Steuerzahlern in den Jahren von 2008 bis 2017 rund 138 Milliarden Euro an andere Staaten der EU geflossen sind.[85] Deutschland ist damit der bei Weitem größte Nettozahler im europäischen Finanzausgleich. Setzt man die Zahlungen in Bezug zur Größe der Bevölkerung, steht

Deutschland mit einer Nettozahlung pro Kopf von rund 169 Euro pro Jahr nach Schweden und den Niederlanden an dritter Stelle.

Die Berechnungen schließen die Umverteilung über die Geldpolitik der Europäischen Zentralbank nicht ein. Die größte Belastung dürfte aus den entgangenen Zinsen auf die im Rahmen von TARGET2, dem grenzüberschreitenden Zahlungssystem zwischen Banken im Euroraum, entstandene Forderung der Bundesbank an das Eurosystem sein.[86] Mitte 2022 betrug diese damals unverzinsliche Forderung 1,2 Billionen Euro und machte rund 76 Prozent des gesamten Auslandsvermögens der Bundesbank aus. Angenommen, sie wäre in US-Staatsanleihen angelegt gewesen, hätte sie um die zwölf Milliarden Euro Zinseinnahmen pro Jahr eingebracht, auf die Deutschland aber als Teilnehmer an diesem System verzichtet. Da sich die TARGET2-Forderung aus den Zahlungsbilanzsalden der Euroländer ergibt, kann die Bundesbank im Gegensatz zu anderen ausländischen Anlagen über diese Auslandsanlage auch nicht verfügen. Und sie dürfte verloren sein, wenn der Euro auseinanderbricht.

Zu dem Ausfallrisiko der TARGET2-Forderungen kommen Haftungsrisiken für die Euro-Rettungsfonds hinzu. Für den inzwischen stillgelegten European Financial Stability Fund (EFSF) haftet Deutschland für daraus vergebene Kredite noch mit 90,6 Milliarden Euro. In den European Stability Mechanism mit insgesamt 500 Milliarden Euro Ausleihvolumen hat Deutschland 21,7 Milliarden Euro an Kapital eingezahlt und muss auf Abruf bis zu 167,9 Milliarden Euro weiteres Kapital bereitstellen.[87] Dazu kommt ein potenzieller Haftungsanteil von 27 Prozent am 100 Milliarden Euro umfassenden Kurzarbeitsprogramm SURE (27 Milliarden Euro) und am 750 Milliarden Euro schweren Wiederaufbaufonds NextGenerationEU (202,5 Milliarden Euro).[88] Insgesamt kommt für Deutschland aus diesen Instrumenten eine potenzielle Haftungssumme von rund 510 Milliarden Euro zusammen.

Alle Ausfall- und Haftungsrisiken, ja der gesamte Umbau der Währungsunion zur Haftungs- und Transferunion, sind in Angela Merkels Regierungszeit entstanden, die sich auch hier von den Entwicklungen treiben ließ, statt vorausschauend zu handeln.

Energiekapriolen

»Was ich jetzt tue, macht mir viel Spaß, auch weil ich mich als Umweltministerin sehr kompetent fühle.«[89] Das sagte Angela Merkel, als sie im Jahr 1994 ins Umweltministerium wechseln durfte. Die erste Weltklimakonferenz in Berlin im Jahr danach war für sie ein Traumerlebnis. Klimapolitik ist der Bereich, der ihrer Ausbildung zur Physikerin am nächsten kommt und in dem sie sich folglich fachlich am sichersten fühlen konnte. Aber auch hier folgte sie dem Primat der Tagespolitik.

Nach der Bundestagswahl im September 2009 erlaubten es die Mehrheitsverhältnisse endlich, die von ihr lange angestrebte schwarz-gelbe Koalition mit der FDP zu bilden. Doch die neue Legislaturperiode begann gleich mit einem Fehlstart. Aus Angst, mit Wirtschaftsreformen vor der Landtagswahl in Nordrhein-Westfalen im Mai 2010 die Wähler zu verprellen, blieb die neue Regierung Merkel-Westerwelle ein rundes halbes Jahr völlig untätig. Dennoch ging die Wahl verloren. Bis zur Sommerpause häuften sich die Probleme weiter. Der Bundespräsident Horst Köhler schmiss hin und der schillernde Verteidigungsminister Karl-Theodor zu Guttenberg setzte kurzerhand die Wehrpflicht aus, um Verteidigungsausgaben einsparen zu können.

Vor diesem Hintergrund entschloss sich die Bundeskanzlerin, die Laufzeiten der Atomkraftwerke zu verlängern. Vor

1980 gebaute Anlagen sollten acht Jahre, neue vierzehn Jahre länger laufen. Statt 2022 sollte nun das letzte Kraftwerk 2036 vom Netz gehen. Ein Motiv für die Verlängerung dürfte gewesen sein, dem Koalitionspartner FDP entgegenzukommen, dessen Anliegen einer Steuersenkung sie und ihr Finanzminister Schäuble blockiert hatten.

Das andere Motiv war, es dem in Nordrhein-Westfalen gescheiterten Umweltminister Norbert Röttgen heimzuzahlen, der längeren Laufzeiten kritisch gegenüberstand. Die Physikerin Merkel sah in der Atomkraft ohnehin keine ernsthafte Bedrohung, da sie davon überzeugt war, dass in einem Industrieland wie Deutschland die Technik anders als in der maroden Sowjetunion, wo sich in Tschernobyl 1986 eine Reaktorkatastrophe ereignet hatte, beherrschbar war. Die Mehrheit der Deutschen sah dies allerdings anders.

Als es im März 2011 im japanischen Fukushima infolge eines Tsunami, der 15 899 Menschen das Leben kostete, zu einem Reaktorunfall kam, reagierte die deutsche Öffentlichkeit wie zu erwarten hysterisch. Am 27. März stand die Landtagswahl in Baden-Württemberg an, und der noch regierende CDU-Ministerpräsident Stefan Mappus versprach die schnelle Abschaltung der dort stehenden Kernkraftwerke. Andere führende CDU- und CSU-Politiker setzten sich ebenfalls schnell von der Laufzeitverlängerung für AKWs ab, und sogar die FDP bekam kalte Füße. Folglich war die Kanzlerin bereit, den erst vor einem halben Jahr getroffenen Beschluss umzustoßen und die Laufzeitverlängerung zurückzunehmen.

Die älteren Atomkraftwerke wurden gleich abgeschaltet, die neueren sollten bis Ende 2022 vom Netz gehen. Die Physikerin rechtfertigte ihre Meinungsänderung damit, dass Reaktorkatastrophen auch in hoch entwickelten Ländern passieren könnten. Wirtschaftsminister Rainer Brüderle plauderte dagegen aus, dass die Kehrtwende Wahlkampftaktik vor den Landtagswahlen war. Tatsächlich gab es in Japan im Gegensatz zu Tschernobyl keine direkten Unfallopfer durch Verstrahlung. Schon als Umweltministerin hatte Merkel auf der Berliner UN-Klimakonferenz 1995 für eine Verringerung der Emissionen von Kohlendioxid gekämpft und als Gastgeberin eine Einigung vermittelt, die

In einem Leitartikel am 29. Januar 2019 bezeichnete das *Wall Street Journal* die deutsche Energiepolitik als die »dümmste der Welt«.

bis zum Jahr 2000 einen Rückgang auf den Stand von 1990 anstrebte. Damals war das für Deutschland kein besonders ehrgeiziges Ziel gewesen, weil sich der deutsche Ausstoß allein durch den Abbau der besonders »braunen« ostdeutschen Industrie verringerte. Sechs Jahre später erwies sich die Einhaltung der inzwischen ehrgeizigeren Klimaziele als wesentlich schwieriger, da mit dem beschleunigten Atomausstieg die Kohlekraftwerke einen größeren Anteil bei der Energieversorgung übernehmen mussten.

In einem Leitartikel am 29. Januar 2019 bezeichnete das *Wall Street Journal* die deutsche Energiepolitik als die »dümmste der Welt«.[90] Anlass war der drei Tage vorher bekannt gewordene Vorschlag der von der Regierung eingesetzten »Kohlekommission«, alle Kohlekraftwerke Deutschlands bis zum Jahr 2038 stillzulegen. Tatsächlich leidet die von der rot-grünen Regierung begonnene und den Regierungen unter Merkel fortgesetzte Energiepolitik an vier großen Mängeln.

Erstens ist diese Politik aufgrund der hohen Subventionen an die Produzenten erneuerbarer Energien sehr kostspielig. Allein im Jahr 2020 flossen 30,9 Milliarden Euro an die Betreiber von Wind-, Solar- und Biomasseanlagen. Finanziert werden die Subventionen zum größten Teil durch eine Steuer auf den Strompreis. Folglich hatte Deutschland mit durchschnittlich 30,9 Cent pro Kilowattstunde 2020 die höchsten Strompreise in Europa. Gegenüber Frankreich betrug der Aufschlag 75 Prozent. Das Düsseldorf Institute for Competition Economics (DICE) schätzte in einer 2016 veröffentlichten Studie die gesamten Kosten der »Energiewende« von 2000 bis 2025 auf 520 Milliarden Euro.[91] Und die Boston Consulting Group, eine globale Unternehmens- und Strategieberatung, hat in einer im Oktober 2021 veröffentlichten Studie errechnet, dass bis 2030 rund 860 Milliarden Euro an zusätzlichen Investitionen erforderlich sind, um die von der Regierung angestrebte »Treibhausgasneutralität« bis 2045 zu erreichen.[92] Trotz der enormen Kosten droht Deutschland jedoch seine ehrgeizigen Klimaziele zu verfehlen.[93]

Zweitens wird die Versorgung mit Energie weniger sicher. Da man sich auf Wind- und Sonnenenergie nicht immer verlassen kann, braucht man eine wetterunabhängige Kraftwerksreserve. Frank Hennig, Autor und Ingenieur für Kraftwerksanlagen und Energieumwandlung, rechnete vor, dass die gesicherte Kraftwerksleistung von 90 Gigawatt im Jahr 2017 auf 76 Gigawatt bis 2023 sinken wird. Bei einem Spitzenbedarf von etwa 80 Gigawatt könnte es bei »Dunkelflauten« zu Versorgungsengpässen kommen.[94] Sollte es dann nicht möglich sein, den benötigten Strom zu importieren, wären Stromabschaltungen unausweichlich. Diese Unsicherheit veranlasst Unternehmen mit hohem Stromverbrauch schon heute, die Produktion ins Ausland zu verlagern.

Drittens entstand durch die Energiepolitik eine hohe Abhängigkeit von russischen Importen. 2021 wurden nur 40 Prozent des Stromverbrauchs aus erneuerbaren Energien gedeckt.[95] Kohle machte rund 30 Prozent, Erdgas rund 15 Prozent und Atomenergie 12 Prozent aus. Die aus der Abschaltung von Atom- und Kohlekraftwerken entstehende Lücke sollte ursprünglich mit dem Ausbau der Energieproduktion aus Erdgas gedeckt werden, die bei der

Verbrennung eine rund 30 Prozent geringere Menge an Kohlendioxid ausstößt als Kohle. Gaskraftwerke sollten schließlich einen wesentlichen Beitrag zur Kraftwerksreserve leisten.

Doch mit dem Ausbau der Gaskraftwerke steigt mangels eigener Erdgasförderung die Abhängigkeit von den wenigen großen Gasexportländern. Schon in den Achtzigerjahren importierte Deutschland rund die Hälfte des Gasbedarfs aus der Sowjetunion. Im Jahr 2020 betrug der Anteil Russlands 55 Prozent. Weitere 31 Prozent kamen aus Norwegen und 13 Prozent aus den Niederlanden. Die eigene Gasförderung wurde dagegen von der Regierung Merkel im Jahr 2017 mit dem gesetzlichen Verbot von Fracking abgewürgt. Wieder einmal hing Angela Merkel ihr Fähnlein nach dem Wind einer von diffusen Ängsten beseelten öffentlichen Meinung. Dabei sind die in Deutschland vermuteten Gasreserven rund sechzehnmal so groß wie der Jahresbedarf an Gas, und kein ernst zu nehmender Experte hält Fracking für umweltschädlich.[96]

Nach dem Überfall Russlands auf die Ukraine setzte sich die Regierung von Olaf Scholz das Ziel, nach einer kurzen Übergangszeit die Gasimporte aus Russland zu beenden. Da heimisches Fracking jedoch tabu bleibt, ist das nur möglich, wenn der dadurch entstehende Ausfall mit Flüssiggasimporten und der Steigerung der Energieproduktion mit Kohlekraftwerken ausgeglichen wird. Dadurch wird aber das Erreichen der Klimaziele weiter erschwert. Kurioserweise wehrte sich die Bundesregierung dennoch gegen den weiteren Betrieb der verbliebenen Atomkraftwerke nach 2022, der mit weniger Ausstoß von Kohlendioxid verbunden wäre.

Leviathan –
fett und wehrlos

Schon vor dem Beginn der Verhandlungen zu ihrer ersten Großen Koalition im Herbst 2005 hatte Angela Merkel dem SPD-Vorsitzenden Müntefering signalisiert, dass sie sich an ihr wirtschaftsliberales Wahlprogramm nicht mehr gebunden fühlte. Als sie schließlich mit ihrem ursprünglichen Wunschpartner, der FDP, regierte, ließ sie zu, dass ihr Finanzminister Wolfgang Schäuble die von dieser Partei versprochenen Steuersenkungen blockierte. Und als sie nach einem grandiosen Wahlsieg im September 2013 wieder eine Große Koalition mit der SPD bildete, gewährte sie den Sozialpolitikern beider Parteien beinahe jeden Wunsch.

Die SPD bekam die »Rente mit 63«, die jedem, der fünfundvierzig Jahre in die gesetzliche Rentenversicherung eingezahlt hatte, ab einem Lebensalter von dreiundsechzig Jahren die volle Rente gewährte. Das begünstigte vor allem die der SPD zugeneigte ältere Arbeiterschaft. Die CDU durfte Müttern und Vätern von Kindern, die vor dem Jahr 1992 geboren worden waren, bei der Rente ein zweites Jahr als Erziehungszeit anrechnen lassen. Das begünstigte vor allem ältere Mütter. Die überaus ehrgeizige Familienministerin Ursula von der Leyen durfte Unternehmen eine verbindliche Frauenquote in den Aufsichtsräten aufzwingen, und die Sozialpolitiker aller Regierungsparteien durften sich über einen gesetzlichen Mindestlohn freuen.

Unter den Regierungen von Angela Merkel hatte der Wohlfahrtsstaat wieder Vorfahrt und schnitt sich immer größere Stücke aus dem Kuchen der gesamten Wirtschaftsleistung. Die Staatsausgaben stiegen von 46,9 Prozent des Bruttoinlandsprodukts im Jahr 2005 auf 50,2 Prozent im Jahr 2021. Die Einnahmenquote wuchs von 43,6 Prozent auf 45,3 Prozent. Das meiste Staatsgeld floss in den Konsum, sodass für Investitionen wenig übrig blieb.

Nach Daten der OECD, der internationalen Organisation für wirtschaftliche Zusammenarbeit und Entwicklung, sind die Nettoinvestitionen, also die Differenz zwischen den Bruttoinvestitionen des Staates und den Abschreibungen auf den Kapitalstock, in den sechzehn Jahren der Ära Merkel inflationsbereinigt um magere 14 Milliarden Euro gestiegen. Da das reale Bruttoinlandsprodukt in dieser Zeit um 562 Milliarden Euro gewachsen ist, stiegen die Ansprüche an die staatliche Infrastruktur weit über das hinaus, was sie zu leisten vermochte. Beispielhaft dafür stand die Deutsche Bahn, bei der die Kluft zwischen geplanten und tatsächlichen Zugfahrten an die Diskrepanz zwischen Soll und Ist in der Planwirtschaft der DDR erinnerte.

Aber nicht nur an den Investitionen, sondern auch an den Verteidigungsausgaben wurde gespart, um dem Wohlfahrtsstaat Platz zu schaffen. In realen Größen gerechnet stiegen sie mit 0,4 Prozent pro Jahr in der Zeit von 2005 bis 2019 deutlich weniger als das reale Bruttoinlandsprodukt. Damit konnte die Zusage an die NATO-Partner, für die Verteidigung zwei Prozent des Bruttoinlandsprodukts auszugeben, nicht eingehalten werden. Die Kampfkraft der Bundeswehr verfiel.

Regelmäßig berichteten die Wehrbeauftragten des Bundestags über die mangelnde Einsatzbereitschaft der Waffensysteme. Die Struktur des Personals wurde kopflastig. Betrug der Anteil der Offiziere an der gesamten Mannschaft im Jahr 1965 noch fünf Prozent, so machte er 2012 schon 18,3 Prozent und 2017 schließlich 23,8 Prozent aus.[97] Erich Vad, einst Sicherheitsberater von Angela Merkel, befand: »Bei nicht wenigen Generälen und hohen Offizieren überwiegen Anpassungs- und Absicherungsmentalität, Schönrederei und Duckmäusertum – traurige Konsequenz einer inneren Negativauslese.«[98]

Ein großer Teil des Bundeswehrpersonals ist damit beschäftigt, einen überdimensionierten und schwerfälligen bürokratischen Apparat am Laufen zu halten. Das Verhältnis von Truppe zu Zivilangestellten beträgt 2,26 : 1. Die mangelhafte Ausstattung und verkrustete Bürokratie drücken sich dann auch in einer entsprechend geringen Kampfkraft der Bundeswehr aus. Laut dem Internetportal Global Firepower kommt die Bundeswehr im Ranking der Kampfkraft hinter Iran und Indonesien auf Platz 16 von 142 Ländern.[99] Dabei gibt Deutschland wesentlich mehr Geld für die Verteidigung aus als viele der höher eingestuften Länder.

Die Vernachlässigung der Fähigkeit zur Verteidigung entsprang aus dem Gefühl, dass mit dem Untergang der Sowjetunion auch die militärische Bedrohung Deutschlands verschwunden sei. Man fühlte sich »von Freunden umzingelt«. Vor diesem Hintergrund schwand die Verteidigungsbereitschaft, und Angela Merkel duldete die handstreichartige Abschaffung der Wehrpflicht durch ihren Verteidigungsminister zu Guttenberg. Stattdessen setzte man darauf, dass auch militante autokratische und totalitäre Länder durch den Ausbau von Handelsbeziehungen besänftigt werden könnten. Aus Russland bezog man die Energie zur Herstellung von Gütern, die man nach China liefern konnte.

In der Politikwissenschaft wird schon länger die These des »demokratischen Friedens« vertreten, der zufolge Kriege zwischen Demokratien selten vorkommen sollen. Parallel dazu entstand das Theorem des »kapitalistischen Friedens«. Danach ist Krieg umso unwahrscheinlicher, je enger die Handelsbeziehungen von Ländern sind.[100] Mit »Wandel durch Handel« sollten sogar militante Autokratien zivilisiert werden können. Dem gegenüber steht die alte römische Weisheit »*Si vis pacem para bellum*« (»Wenn du den Frieden willst, bereite den Krieg vor«), die im Atomzeitalter zur Strategie der Abschreckung geführt hat.

Keine These kann beanspruchen, im Verhältnis der Völker absolute Gültigkeit zu haben. Die logische Folge ist, dass auch derjenige nicht auf Abschreckung verzichten sollte, der einen »kapitalistischen Frieden« anstrebt. Im Verhältnis zu Russland und China hätten auch Anhänger des »kapitalistischen Friedens« bedenken müssen, dass die Regierungen dieser Länder einen staatlich gelenkten Kapitalismus

Wenn militante Autokratien Handel nutzen, um ihr Aggressionspotenzial zu steigern, schießt die Politik des »Wandels durch Handel« ein Eigentor.

errichtet haben, in dem staatliche Ziele im Zweifel absoluten Vorrang vor privaten Zielen haben. Wenn militante Autokratien Handel nutzen, um ihr Aggressionspotenzial zu steigern, schießt die Politik des »Wandels durch Handel« ein Eigentor.

Doch wie auch bei anderen strategischen politischen Entscheidungen setzten die Regierungen unter Merkel alles auf eine Karte: Das Prinzip der Alternativlosigkeit galt auch für die Politik von »Wandel durch Handel«. Bedingungslose Friedfertigkeit bot handfeste ökonomische Gewinne: Mit der durch Abrüstung entstandenen »Friedensdividende« konnte der Wohlfahrtsstaat gefüttert und mit Handel Arbeitsplätze geschaffen werden. Dumm nur, wenn sich der vermeintliche Partner dem Wandel entzieht und Friedfertigkeit als Hilflosigkeit interpretiert.

Die Wehrlosigkeit gegenüber Verletzungen der deutschen Außengrenzen zeigte sich auch im Umgang mit der durch die Kriege in Afghanistan, Irak und Syrien angeheizten internationalen Migration. Spätestens seit dem Video des großen US-Ökonomen Milton Friedman aus dem Jahr 1999 hätte es jedem Politiker klar sein müssen, dass der moderne Wohlfahrtsstaat mit unkontrollierter Zuwanderung aus ärmeren Ländern unvereinbar ist.[101]

Doch als sich eine hohe Zahl von Migranten aus Asien und Afrika in den 2010er-Jahren auf den Weg nach Europa machte, gelang es den EU-Ländern des Schengen-Raums, in dem Freizügigkeit des Personenverkehrs herrscht, nicht, die Außengrenzen dieses Raums zu schützen. Entgegen der das Asylverfahren regelnden Dublin-Verordnung erlaubten die Länder mit Außengrenzen vielen Immigranten die Weiterreise in andere Schengen-Länder. Aufgrund der großzügigen Ausstattung seines Wohlfahrtsstaats war Deutschland ein beliebtes Ziel.

Die Bundesregierung plädierte lange Zeit vergeblich für die Einhaltung der Dublin-Regeln. Doch als am 19. April 2015 beim Untergang eines Flüchtlingsschiffs 845 Menschen ertranken, änderte Bundeskanzlerin Merkel ihren Kurs. Auf einem EU-Gipfel am 23. April warb sie für eine Verteilung von Immigranten auf die Mitgliedsländer der EU nach einem an der Bevölkerungszahl und Wirtschaftskraft ausgerichteten Schlüssel. Anscheinend nahm die Bundesregierung nun hin, dass Migranten in hoher Zahl aus den Nachbarländern einreisten, obwohl dies gegen die Dublin-Verordnung verstieß. Innenminister Thomas de Maizière bereitete das Land auf die Aufnahme von 800 000 Flüchtlingen allein im Jahr 2015 vor.

Der Eindruck, dass Deutschland unkontrollierte Zuwanderung hinnehmen würde, verstärkte sich, als die Kanzlerin im September einer aus dem ungarischen Budapest über Österreich kommenden Marschkolonne von Flüchtlingen die Einreise nach Deutschland erlaubte. Die Entscheidung wurde zunächst von der deutschen Öffentlichkeit bejubelt. Eine neue »Willkommenskultur« wurde gefeiert. Doch schon bald überforderte der massive und unkontrollierte Zustrom die Verwaltungen.

Die Bundesregierung beschloss die Einführung von Grenz-
kontrollen, was nach den Dublin-Regeln für begrenzte Zeit möglich war. Doch in einem eklatanten Akt des Staatsversagens
verzichtete sie auf die Zurückweisung von Migranten ohne Ein-
reiseberechtigung.[102] Jeder, der wollte, konnte aus sicheren Nachbarländern nach Deutschland spazieren, um in den Genuss der
dort üppigeren Staatshilfen zu kommen. Ihren Kritikern hielt die
Kanzlerin entgegen: »Wenn wir jetzt noch anfangen müssen, uns
dafür zu entschuldigen, dass wir in Notsituationen ein freund-
liches Gesicht zeigen, dann ist das nicht mein Land.«[103] Dabei
spielte wohl eine Rolle, dass Merkel aufgrund ihres Lebenswegs
eine starke emotionale Abneigung gegen undurchlässige Grenzen
hatte, auch wenn diesmal der Grenzschutz dem Schutz des von
den Deutschen über alles geliebten Wohlfahrtsstaats diente.

Mit der Immigration von insgesamt über zwei Millionen Ausländern im Jahr 2015 starb die »Willkommenskultur«. Die Stimmung kippte vollends, als in der Silvesternacht von 2015/2016 aus
Nordafrika zugewanderte junge Männer in Köln Frauen massen-
haft sexuell bedrängten und mehrere vergewaltigten. Anfang
März schlossen eine Reihe südosteuropäischer Länder und Österreich die Balkanroute, über die Migranten von Griechenland bis
nach Deutschland gekommen waren. Und am 8. März traf die
Europäische Union unter Führung Merkels ein Abkommen, in
dem sich die Türkei verpflichtete, irregulär in die EU eingereiste
Migranten zurückzunehmen. Im Gegenzug sollte die Türkei bis
Ende 2018 sechs Milliarden Euro erhalten und für jeden von den
griechischen Inseln abgeschobenen Syrer einen anderen legal in
die EU überstellen können.

Angesichts seiner alternden Bevölkerung ist Deutschland
auf Immigration angewiesen. Doch statt zu helfen, belastet Zuwanderung die Gesellschaft, wenn die Kosten für die Integration der Zuwanderer deren Beitrag zur Wirtschaftsleistung

überschreiten. Während der Regierungszeit Angela Merkels überstieg die Zuwanderung von Ausländern deren Abwanderung um rund sechs Millionen **(GRAFIK 4)**. Die meisten stammten aus anderen Kulturkreisen und waren im Schnitt weniger gebildet als die deutsche Wohnbevölkerung.

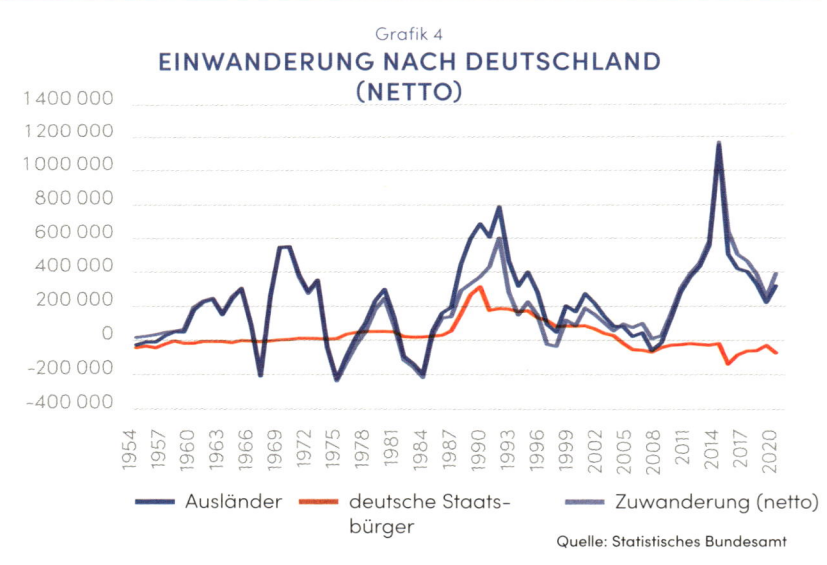

Grafik 4
EINWANDERUNG NACH DEUTSCHLAND (NETTO)

Ausländer — deutsche Staatsbürger — Zuwanderung (netto)

Quelle: Statistisches Bundesamt

Folglich kam eine Studie der Bertelsmann Stiftung schon 2014 zu dem Schluss, dass die Zuwanderer für den Wohlfahrtsstaat eine Belastung darstellten.[104] Durch die Zuwanderung seit dieser Zeit dürfte die Belastung weiter gestiegen sein. Nicht zu vergessen: In den Jahren 2005 bis 2021 wanderten unter dem Strich rund 800 000 deutsche Staatsbürger aus. Sehr wahrscheinlich lag das Bildungsniveau der Abwanderer und daher deren Beitrag zur Wirtschaftsleistung über dem Durchschnitt der Wohnbevölkerung und deutlich über dem der Zuwanderer.

Noch schwerer wog, dass die wenigsten Zuwanderer aus fremden Kulturkreisen aus politischen Gründen und Wertschätzung des liberalen Rechtsstaats nach Deutschland kamen. Die meisten kamen aus wirtschaftlichen Gründen und brachten ihr am Modell der traditionellen Gesellschaften orientiertes Gesellschaftsverständnis mit. Dass daraus Parallelgesellschaften und eine von gesellschaftlichen Gruppeninteressen getriebene Identitätspolitik entstehen können, die den liberalen Rechtsstaat womöglich in existenzielle Gefahr bringen, schien einer Kanzlerin, die kulturelle Vielfalt für einen Wert an sich hielt, nicht bewusst geworden zu sein. »Unter der Überschrift ›Toleranz‹ fördern sie Intoleranz«, urteilt der Historiker Michael Wolffsohn über die »Multi-Kulti-Befürworter«.[105]

Ebenso nahm sie in Kauf, dass ihre »Flüchtlingspolitik« einer rechtsnationalen Partei, der Alternative für Deutschland, in die Hände spielen würde, obwohl es das erklärte Ziel aller »staatstragenden« Parteien war, diese Kräfte kleinzuhalten. Die als »Populisten« abgekanzelte AfD und ihr Umfeld drückten ein tiefes Unbehagen aus, das große Teile des »Populus«, des Volkes, wegen des Staatsversagens beim Grenzschutz empfanden. Indem die etablierten Politiker dieses Unbehagen beiseitewischten und diejenigen, die es ausdrückten, als Pöbel oder »Pack« (Vizekanzler Sigmar Gabriel) herabsetzten, »wurden Kanzlerin, Koalition sowie die kulturhegemonialen Kreise die unfreiwilligen Geburtshelfer der Populisten«.[106]

Und Angela Merkel übersah, welche Signalwirkung ihre Politik der offenen Grenzen auf andere Mitgliedsländer der Europäischen Union haben würde. Die östlichen EU-Länder blockierten die von ihr angestrebte Umverteilung der Zuwanderer, während viele Briten, die am 23. Juni 2016 über den Verbleib Großbritanniens in der EU abstimmen sollten, Merkels Migrationspolitik als direkten Angriff auf ihren Way of Life empfanden.

Angela Merkels politischer Erfolg beruhte zu einem wesentlichen Teil darauf, dass sie den Deutschen das Gefühl gab, der Staat würde sie gegen alle Lebensrisiken absichern, und zwar umsonst.

Zwar spielten letztendlich viele Gründe, für den Austritt aus der EU zu votieren, eine Rolle, doch, wie der britische Politologe Anthony Glees urteilte, hat »Merkels Versagen in der Immigrationspolitik ... die Briten aus der EU herausgeschoben«.[107]

Im Kampf um das Überleben des kränklichen Euro hatte sich die Kanzlerin im Jahr 2010 zu der Aussage verstiegen: »Scheitert der Euro, dann scheitert Europa.«[108] Zur Unterstützung der britischen Befürworter einer weiteren EU-Mitgliedschaft, den »Remainers«, hatte sie dagegen nur ein paar belanglose Floskeln übrig. Es schien ihr gleichgültig, dass mit Großbritannien die älteste Demokratie Europas, das zweitgrößte Land der Europäischen Union und der drittgrößte Nettozahler, den Staatenverbund verließ. Der Grund für ihre Gleichgültigkeit war vermutlich, dass ein Zerfall des Euro den deutschen Wohlstandsbürger unmittelbar in seiner Ruhe empfindlich gestört hätte, während die wirtschaftlichen und geopolitischen Folgen des Brexit erst in Jahrzehnten spürbar werden könnten.

Angela Merkels politischer Erfolg beruhte zu einem wesentlichen Teil darauf, dass sie den Deutschen das Gefühl gab, der Staat würde sie gegen alle Lebensrisiken absichern, und zwar umsonst. Daher der Ausbau des Wohlfahrtsstaats und der »kapitalistische Pazifismus« als Ersatz für Wehrhaftigkeit. Für die Erfüllung des Versprechens umfassender Fürsorge müsste der Staat nicht nur groß, sondern auch effizient sein. Doch das widerspricht dem Gesetz des britischen Historikers Cyril Northcote Parkinson: Je größer die staatliche Bürokratie wird, desto mehr ist sie mit sich selbst statt mit der Erledigung der von ihr verlangten Aufgaben beschäftigt.

Mit der Coronapandemie lernten die Deutschen das parkinsonsche Gesetz hautnah kennen. Politik und Bürokratie waren heillos überfordert, die besonders gefährdeten Menschen in den Altenheimen wurden nicht ausreichend vor Ansteckung geschützt, und den Jungen wurden erhebliche Abstriche in der Bildung zugemutet. Aufgrund der verschlafenen Digitalisierung der öffentlichen Verwaltung fiel diese während der Lockdowns teilweise vollständig aus.

Immer deutlicher wurde, dass die Defekte der Bundeswehr keine Ausnahmeerscheinung, sondern typisch für viele andere öffentliche Unternehmungen waren, von den Gesundheitsämtern bis zur Deutschen Bahn. Leviathan, der gefräßige Staat, entpuppte sich nicht nur als wehrlos, sondern auch als fett und kraftlos.

Merkonomics, die von Angela Merkel während ihrer Regierungszeit implizit verfolgte Wirtschaftspolitik, hinterlässt hohe finanzielle Kosten. Über den Haushalt der Europäischen Union und die Hilfsprogramme für Euroländer werden jährlich um die 14 Milliarden Euro an andere Länder verteilt. Dazu kommen potenzielle Haftungsrisiken für die verschiedenen EU-Programme in Höhe von 510 Milliarden Euro und das Ausfallrisiko für den Bundesbankkredit an das Eurosystem im Rahmen des Interbankzahlungssystems TARGET2 in Höhe von 1,2 Billionen Euro. Auch wenn die Bundesbank nur zehn Prozent der Kreditsumme als Rückstellung für den möglich Ausfall bilden würde, wären die Kosten dafür höher als das Sondervermögen zur Nachrüstung der Bundeswehr.

Die Kosten der Energiewende summieren sich bis 2025 auf 520 Milliarden Euro. Mehrinvestitionen von bis zu 850 Milliarden Euro bis 2030 zur Erreichung der Klimaziele dürften dazukommen. Schließlich müssen die Steuerzahler ein Nachrüstprogramm für die Bundeswehr in Höhe von 100 Milliarden Euro und dauerhaft höhere Verteidigungsausgaben in Höhe von zwei Prozent des Bruttoinlandsprodukts schultern. Hinzu kommen die durch den Ukraine-Krieg für Deutschland anfallenden Kosten, die Kosten für die Diversifizierung der Energieversorgung und die für die Ertüchtigung der im analogen Zeitalter verharrenden Staatsbürokratie.

Künftige Geschichtsschreiber werden es als mildernden Umstand gelten lassen müssen, dass Angela Merkel diese Kosten nicht aus eigenem Antrieb verursacht hat. Sie sind entstanden, weil sie den Wünschen ihrer Wähler nach biedermeierlicher Ruhe und kostenfreier staatlicher Vollversorgung befriedigen wollte. Doch die Kosten dafür wurden nur in die Zukunft verschoben. Und die neue Biedermeierzeit kam mit der »Zeitenwende« an ihr Ende.

Putinomics

ls Putin mit gezogener Pistole ohne Rücken-
deckung durch Moskau vor die Menge in Dresden
trat, wusste er, dass die Sowjetunion an der von
Lenin erzwungenen irrsinnigen Kollektivierung
und Zentralplanung der Wirtschaft gestorben war.
Daraus folgte für ihn aber nicht, dass Moskau nun vor dem Westen
kapitulieren und dessen anarchische Marktwirtschaft einführen
sollte. Vielmehr musste die Wirtschaft wie ein eigensinniger Hund
– oder eben auch Agent – an einer langen Leine geführt werden.
Niemals aber durfte man die Leine loslassen. Und wenn nötig,
musste man sie eben einholen und den Hund eng »bei Fuß« führen. Und das seit Beginn des Ukraine-Kriegs mehr denn je.

Geburt und Aufstieg der Oligarchen

Die Mangelwirtschaft in der sowjetischen Zentralplanung
hatte schon früh korrupte Strukturen und einen umfangreichen
Schwarzmarkt entstehen lassen. Oft waren Beziehungen und
Schmiergelder nötig, um an Waren überhaupt oder früher als
andere herankommen zu können. Ende der Sechzigerjahre entstanden Untergrundfabriken, die mit von den Staatsunternehmen
gestohlenen Rohstoffen und Zwischenprodukten Güter für den
Schwarzmarkt herstellten. Neben dem Schwarzmarkt für Güter
entstand ein Schwarzmarkt für Devisen, mit denen geschmuggelte
Importwaren erworben werden konnten. Seit den Siebzigerjahren
schaute sogar die Parteielite diesem Treiben tatenlos zu und

kassierte dafür Schmiergeld. Den Agenten des KGB konnten diese Entwicklungen nicht verborgen bleiben.

Am Moskauer Institut für Weltwirtschaft und internationale Beziehungen begann eine Gruppe junger Ökonomen, an Plänen zur Reform des Sowjetsystems zu arbeiten. Als der vom KGB-Chef zum Generalsekretär der Kommunistischen Partei der Sowjetunion aufgestiegene Juri Andropow 1983 Alexander Jakowlew zum neuen Direktor des Instituts ernannte, gewann die Arbeit an den Reformplänen an Schwung. Nach seinem Aufstieg zum Generalsekretär berief Gorbatschow Jakowlew zu seinem Berater für die Reformen im Rahmen von Glasnost und Perestroika. Jakowlews Nachfolger am Institut wurde Jewgeni Primakow.

Unter der Leitung von Jakowlew und Primakow konnten junge Ökonomen wie Rair Simonyan, Pjotr Aven und Jegor Gaidar Pläne für die Auflockerung der Zentralverwaltung und die Einführung marktwirtschaftlicher Elemente in die Sowjetwirtschaft erarbeiten. Eine neue Klasse von Unternehmern sollte, ähnlich wie die Schwarzmarkthändler, außerhalb der starren Planwirtschaft tätig werden können. Unter der Aufsicht des KGB entwickelte sich auf diese Weise eine informelle Parallelwirtschaft, von der die KGB-Aufseher auch wirtschaftlich profitierten.

Während Putin in Dresden arbeitete, schuf ein Moskauer Zirkel progressiver KGB-Agenten von der Auslandsaufklärung aus dem Kreis der kommunistischen Jugendorganisation Komsomol seine eigenen Unternehmer. Eine herausragende Rolle spielte dabei der Komsomol-Führer Michail Chodorkowski. Mit ein paar Partnern gründete Chodorkowski eine Kooperative, die sich Devisen aus dem Rohstoffexport beschaffen konnte, um damit Computer aus dem Westen zu importieren. Diesem Beispiel folgten Hunderte anderer junger Unternehmer. Der größte Teil importierte Computer, aber den meisten Erfolg hatten diejenigen, die mit

guten KGB-Verbindungen in den Handel mit Rohstoffen und ins
Bankgeschäft einstiegen.

Nachdem im Jahr 1988 der Außenhandel der Kooperativen
legalisiert worden war, stiegen ebenso die Direktoren der Staatsunternehmen in diese Geschäfte ein, indem sie ihre eigenen Kooperativen gründeten. Das neue Gesetz zu den Kooperativen erlaubte auch die Gründung von Banken. Chodorkowski war einer
der Ersten, der diese Möglichkeit nutzte. Noch 1988 gründete er
mit einigen Geschäftspartnern eine Bank, die er 1990 zu Menatep
umbenannte. Zunächst nutzte er die Bankkredite zum Import von
Computern. Doch bald fand er im Devisenhandel ein weit lukrati-
veres Geschäftsfeld. Über Menatep konnte er Devisen billig zum
überhöhten offiziellen Rubelkurs für den Kauf von Computern erwerben und dann diese zu einem Preis verkaufen, der sich an dem
niedrigeren Marktkurs des Rubels orientierte. Die Gewinne aus
der Arbitrage des offiziellen und des am Markt geltenden Kurses
des Rubels waren enorm.

Eine weitere Quelle für Profite im Devisenhandel entstand
in der Zeit der Hochinflation nach dem Ende der Sowjetunion.
Chodorkowski und andere Banker konnten davon profitieren, indem sie geliehene Rubel gegen Devisen verkauften und die Rubel
zu niedrigeren Kursen zurückkauften. Dadurch stieg ihr in Rubel
denominiertes Vermögen gewaltig an. Als dann russische Staats-
betriebe privatisiert wurden, konnten sie damit einen großen Teil
erwerben.

Nach dem Fall der Berliner Mauer diskutierten viele westliche
Volkswirte die Frage, wie die sowjetische Zentralverwaltungswirtschaft in eine Marktwirtschaft überführt werden könnte. Es kam
die Idee auf, Staatsunternehmen zu privatisieren, indem Anteilsscheine an ihnen – Voucher – an die Bevölkerung verteilt werden sollten. Eine einflussreiche Stimme war dabei der Harvard-
Ökonom Jeffrey Sachs. Jegor Gaidar, Wirtschaftsminister und

kommissarischer Ministerpräsident im ersten Kabinett Jelzins, und Anatoli Tschubais, Chef der Verwaltung des Staatsvermögens und stellvertretender Ministerpräsident im Kabinett von Gaidar, machten sich im Juni 1992 daran, Voucher an die Mitarbeiter von Staatsunternehmen auszugeben.

Doch die wenigsten konnten damit etwas anfangen. Die meisten verkauften ihre Voucher gegen in der Inflation schnell verfallende Rubel. Käufer waren die jungen Bankiers, die durch die Devisengeschäfte ihr Rubelvermögen enorm gesteigert hatten. Ihre Kriegskasse wurde dadurch weiter gefüllt, dass der Staat seine Geldreserven bei den Banken in ihrem Besitz hielt. Als 1995 dieser in Zahlungsschwierigkeiten geriet, holte er sich bei den entsprechenden Banken Kredite, indem er dafür Anteile an den Staatsunternehmen verpfändete. Würden die Kredite nicht zurückgezahlt, würden die Anteile versteigert werden. Als Bieter auf diesen Auktionen traten wieder die jungen Banker auf. Auf diese Weise ging rund die Hälfte des Staatsbesitzes an eine kleine Gruppe von Bankern und Unternehmern über.[109] Die Klasse der Oligarchen war entstanden. Zur Gruppe in der Jelzin-Ära gehörten unter anderen Roman Abramowitsch, Boris Beresowski, Michail Chodorkowski, Michail Fridman, Wladimir Gussinski, Witali Malkin, Wladimir Potanin und Alexander Smolenski.

Die Oligarchen waren Geschöpfe des KGB. Doch mit dem Zerfall der Sowjetunion gewannen sie wirtschaftliche und politische Macht. Sie emanzipierten sich von ihrem Schöpfer und bildeten mit der Jelzin-Familie eine Symbiose. Die Oligarchen besorgten das für die politischen und persönlichen Zwecke der Familie notwendige Geld, die Familie ließ ihnen dafür weitgehend freien Lauf. Das politische und ökonomische Machtzentrum dieser Verbindung lag in Moskau. In Sankt Petersburg nahm die Entwicklung einen anderen Verlauf. Als Anatoli Sobtschaks Mann für alle (und vor allem grobe) Fälle webte Putin aus dem Rathaus heraus ein Netz der politischen und ökonomischen Macht aus KGB-Agenten und der Petersburger Mafia.

Übernahme durch die Silowiki

Putin war auf Empfehlung Pavel Borodins, des Leiters der Immobilienverwaltung im Kreml, von Alexei Bolschakow, des aus Leningrad stammenden stellvertretenden Ministerpräsidenten unter Jelzin, nach Moskau geholt worden. Für die Jelzin-Familie erwies er sich vor allem durch seine Erfahrungen im KGB und sein Netzwerk aus früheren KGB- und FSB-Agenten nützlich. Und für die Oligarchen war er zunächst eine Hilfe für die Stabilisierung ihrer Symbiose mit der Familie. Roman Abramowitsch, der als Vertrauter Jelzins mit dem Programm »Darlehen gegen Aktien« steinreich geworden war, half bei der Auswahl der Mitglieder von Putins erstem Kabinett als Ministerpräsident unter Jelzin.

Doch Putin verstand sich nicht als neuer Freund der Familie und Oligarchen, sondern als Anführer seines KGB-Netzwerks zur Übernahme der Macht in Russland. Kaum bemerkt von der Öffentlichkeit, hatte er seine KGB-Freunde aus Petersburg nach Moskau mitgenommen und dort untergebracht. Sein engster Vertrauter, Igor Setschin, wurde stellvertretender Stabschef im Kreml, Wiktor Iwanow stellvertretender Chef der Verwaltung. Nikolai Patruschew folgte ihm als Chef des FSB nach, und Wiktor Tscherkessow wurde dessen Stellvertreter. Anfangs arbeitete das Umfeld Jelzins in einem ungemütlichen Verhältnis neben Putins

Männern her. Doch nach und nach verdrängten Putin und seine Männer die Oligarchen der Jelzin-Ära aus der Politik und der Wirtschaft.

Die Machtübernahme begann mit der Verdrängung der Oligarchen aus dem Medienbereich. Der Medienmogul Wladimir Gussinski wurde schikaniert und aufgrund von Korruptionsvorwürfen in Untersuchungshaft genommen, bis er sich durch den Verkauf seiner Medienbeteiligungen an den Staatskonzern Gazprom daraus befreien konnte. Anfang 2001 floh er nach Spanien. Ähnlich erging es Boris Beresowski, der Ende 2000 nach Großbritannien ins Exil ging. Im Jahr 2013 starb er dort unter mysteriösen Umständen.

Gegen Ende des Jahrzehnts waren beinahe alle der zwei Dutzend nationalen Fernsehsender unter der Kontrolle von nur drei Institutionen: dem Staat selbst, den Medientöchtern des Staatsunternehmens Gazprom und eines Firmengeflechts, das von dem Putin-Vertrauten Juri Kowaltschuk gelenkt wurde.[110] Zunehmend verbreiteten die Medien Staatspropaganda. Dennoch nahmen die Einschaltquoten zu. Statt Fakten vermittelten die Medien den Zuschauerinnen und Zuschauern ein gutes Bild von sich selbst und ihrem Land. Das kam an.[111] Mit der Übernahme der Medien schufen Putins Männer die Bühne für die Kriegspropaganda nach dem Überfall auf die Ukraine. Der von dort verbreitete Furor entfaltete eine Wirkung, die der von Joseph Goebbels entwickelten Nazipropaganda ähnlich ist.

Nach den Medien nahmen Putins Männer den Energiesektor aufs Korn. 2003 machte die Produktion von Öl und Gas 20 Prozent des russischen Bruttoinlandsprodukts, 55 Prozent der Exporterlöse und 40 Prozent der gesamten Steuereinnahmen aus. Dies verschaffte den Ölbaronen nicht nur wirtschaftliche, sondern auch politische Macht. Im Oktober 2003 wurde Michail Chodorkowski aufgrund des Vorwurfs der Steuerhinterziehung verhaftet.

Sein Fehler war, dass er sich offen gegen das autoritäre Regime Putins gestellt und Oppositionspolitiker gegen Putin in der Duma finanziert hatte. Seine Ölfirma Yukos wollte er für westliche Beteiligungen öffnen.

Yukos wurde mit inflationierten Steuerforderungen in den Bankrott getrieben und geriet in einem windigen Manöver in den Besitz der staatlichen Ölfirma Rosneft, die seit 2004 von Putins Vertrautem Igor Setschin geleitet wird. Vorsitzender des Verwaltungsrats von Rosneft war bis vor Kurzem der ehemalige deutsche Bundeskanzler Gerhard Schröder, als sein Stellvertreter agierte der frühere Stasi-Offizier Matthias Warnig. Nach weiteren Enteignungen – die eher opportunistisch statt systematisch und zum Teil mit und zum Teil ohne angemessene Entschädigung stattfanden – traf die Finanzkrise von 2007/2008 die im Finanzsektor tätigen Oligarchen hart. Dadurch verringerte sich der verbliebene politische Einfluss dieser Klasse weiter. An die Stelle der Oligarchen traten die Silowiki, die Angehörigen der Geheimdienste, des Militärs und der Justiz, als die neuen Machthaber Russlands.

Schon gegen Ende seiner Amtszeit hatte sich Jelzin zu seinem Schutz und dem der Familie zunehmend auf Mitglieder der Silowiki gestützt. Mit dem einen Silowiki, Putin, wollte er den anderen, Primakow, in Schach halten. Der Aufstieg der Silowiki war also nicht von langer Hand von ihnen selbst geplant. Er wurde durch die Umstände begünstigt und ergab sich aus dem Bemühen Putins, seine weitgehend aus diesem Kreis stammenden Vertrauten um sich zu scharen. Im Gegensatz zur Symbiose der Oligarchen mit der Jelzin-Familie standen die Silowiki daher klar in Putins Schatten – was sie dennoch nicht davon abhielt, untereinander um politischen Einfluss und wirtschaftliche Vorteile zu kämpfen.[112]

Die Säulen
der Macht

Über die Jahre hat Putin ein System zur Absicherung seiner Macht aufgebaut. Es ruht auf vier Säulen: zum einen auf einer starken und zentralisierten Vormacht des Staates über Politik, Gesellschaft und Wirtschaft. Zweitens auf der Legitimation des Systems durch die christlich-orthodoxe Religion und die Beschwörung der Russki Mir (wörtliche Übersetzung: »Russische Welt«), der ethnischen und kulturellen russischen Solidargemeinschaft, in Abgrenzung zum Westen. Bei der dritten Säule handelt es sich um privates Eigentum und marktwirtschaftlichen Wettbewerb zur Erfüllung des Wohlstandsversprechens, beides Dinge, die widerrufen werden können, wenn die Vormacht des Staates infrage gestellt wird. Und die letzte Säule hat die Verhinderung allgemeiner Unzufriedenheit durch niedrige Arbeitslosigkeit, gute Löhne und ausreichende Renten in einer alternden Gesellschaft zum Ziel.

Am 30. Dezember 1999 veröffentlichte Noch-Ministerpräsident Putin ein Manifest mit dem Titel »Russland an der Jahrtausendwende«, in dem er die Grundlagen seines Weltbilds formulierte.[113] Der programmatische Text beginnt mit einer schonungslosen Beschreibung des desolaten Zustands der Wirtschaft. Er zieht die Schlussfolgerung: »Die derzeitige dramatische ökonomische und soziale Lage im Land ist der Preis, den wir für die von der Sowjetunion geerbte Wirtschaft zahlen müssen ... Das ist unsere Zahlung für die Bremsen und sogar Verbote, die auf die Initiative und den Unternehmergeist der Unternehmen und ihrer Mitarbeiter gelegt wurden.« Der Kommunismus hätte seine Untauglichkeit für eine gesunde Selbstentwicklung bewiesen und Russland zum dauernden Rückstand gegenüber den wirtschaftlich fortgeschrittenen Ländern verdammt. Er hätte in die Sackgasse geführt.

Dann entwickelt er eine neue »russische Idee« im Sinne des russischen Religionsphilosophen Wladimir Solowjow, der ein auf europäischem Denken und orthodoxem Glauben fußendes Weltbild der »All-Einheit« vertrat.[114] »Ich glaube, dass die neue russische Idee aus einer Verschmelzung oder organischen Vereinigung von universellen allgemeinen humanitären Werten mit traditionellen russischen Werten entstehen wird, die sich im Laufe der Zeit bewährt haben, auch im turbulenten 20. Jahrhundert.«

Die Russen hätten das Privateigentum, das freie Unternehmertum, die Schaffung von Wohlstand schätzen gelernt. Aber sie hielten auch die traditionellen russischen Werte hoch, darunter vor allem den Patriotismus. »Wenn wir den Patriotismus, den Nationalstolz und die Würde, die damit verbunden sind, verlieren, verlieren wir uns als Nation, die zu großen Leistungen fähig ist.« Für die Russen sei ein starker Staat keine Anomalie, die man loswerden wolle. Ganz im Gegenteil, sie sähen ihn als Quelle und Garant von Ordnung und als Initiator und hauptsächlichen Treiber allen Wandels.

In dem Manifest heißt es dann: »Eine weitere wichtige Lehre aus den Neunzigerjahren ist die Schlussfolgerung, dass Russland ein gesundes System der staatlichen Regulierung der Wirtschaft und des sozialen Bereichs aufbauen muss. Damit meine ich nicht die Rückkehr zu einem System der Planung und Verwaltung der Wirtschaft per Erlass, in dem der allgegenwärtige Staat alle Aspekte der Arbeit einer Fabrik von oben bis unten regelt. Ich meine, den russischen Staat zu einem effizienten Koordinator der wirtschaftlichen und sozialen Kräfte des Landes zu machen, der deren Interessen ausgleicht, die Ziele und Parameter der gesellschaftlichen Entwicklung optimiert und die Bedingungen und Mechanismen für deren Verwirklichung schafft.«

Putins Vision für das neue Jahrtausend war die gemeinsamen Werten verpflichtete russische Gesellschaft mit einem starken Zentralstaat, der so viel wirtschaftliche und politische Freiheit gewährte, wie innerhalb dieses Rahmens möglich war.

Russki Mir

Im System Putin geht alle Staatsmacht vom Präsidenten aus. Nur zehn Tage nach seiner Übernahme des Präsidentenamts begann er, die Macht der regionalen Gouverneure zu beschneiden, die in der Jelzin-Ära ein Eigenleben führen konnten – und sich nicht selten gegen den Präsidenten stellten. Er ernannte sieben ihnen vorgesetzte überregionale Gouverneure, die direkt an den Kreml berichten mussten. Fünf Männer dieser Gruppe waren Generäle der Armee und des FSB, die restlichen zwei loyale Gefolgsleute des Kremls.[115] Wenig später gab er dafür die Gründe an: »Alle sagten, dass die vertikale Kette der Regierung zerstört worden war und wieder instand gesetzt werden musste ... Russland war von Anfang an als superzentraler Staat angelegt. Das ist praktisch in seinem genetischen Code, seinen Traditionen und der Mentalität seines Volkes verankert.«[116]

Zentralisierung der Macht heißt jedoch nicht, dass Putin alle Entscheidungen allein treffen würde. Er greift dort ein, wo es ihm wichtig erscheint, und überlässt ansonsten das politische Geschäft dem Staatsapparat. In diesem Apparat spielen die Silowiki zwar eine wichtige Rolle, beherrschen ihn aber nicht allein. Neben ihnen agieren frühere Manager von Staatsunternehmen und private Geschäftsleute. Da die Organe des Staatsapparats folglich oft miteinander rivalisieren, bleiben auf diesem Weg zu treffende

Entscheidungen gelegentlich liegen, bis sich eine Partei durch-
setzt oder der Präsident schließlich selbst eingreift, um die Blockade zu brechen.[117]

Die Duma, die zweite Kammer des russischen Parlaments,
bietet eine Bühne für die Kämpfe innerhalb des Staatsapparats.[118]
Akteure, die dort keinen Konsens für eine von ihnen bevorzugte
Initiative herstellen konnten, können einen Abgeordneten su-
chen, der ihre Gesetzesvorlage in die Duma einbringt. Wenn sie
Glück haben, passiert die Vorlage und wird Gesetz. Verfolgt der
Präsident selbst ein ihm wichtiges Anliegen, ist ihm die Unterstützung der Duma jedoch sicher. Putin kann sich auf die Partei
Einiges Russland stützen, die von seinem Vertrauten Dmitri Med-
wedew geführt wird und im Parlament eine Zweidrittelmehrheit
der Sitze hat.[119]

So weit Putins Herrschaftssystem. Was aber umfasst das russische Reich, in dem er herrschen will? Sicherlich besteht es nicht
nur aus den mehrheitlich von ethnischen Russen bewohnten
Regionen und Oblasten und wohl auch nicht aus der Russischen
Föderation in ihren gegenwärtigen Staatsgrenzen. Schon nach
dem Fall der Berliner Mauer bedauerte Putin, dass sich die Sowjets einfach »aus dem Staub« gemacht hatten. Und als Ministerpräsident zögerte er keinen Augenblick, in Tschetschenien ein-
zumarschieren, als tschetschenische und islamische Kämpfer die
russische Teilrepublik Dagestan angriffen.[120] »Wenn wir dem kein
sofortiges Ende setzen, wird Russland aufhören zu existieren. Es
ging darum, den Kollaps des Landes zu verhindern«, begründete
er den Krieg.[121] Putin stürzte die gewählte Regierung Tschetsche-
niens und installierte im Jahr 2003 schließlich eine Vasallen-
regierung, die zunächst von Achmat Kadyrow geführt wurde und
nach dessen Tod von seinem Sohn Ramsan Kadyrow.

Zum russischen Einflussbereich gehörten nach Putins
Ansicht wohl auch die georgischen Regionen Südossetien und

Abchasien.[122] Der russische Staat vergab über mehrere Jahre die russische Staatsbürgerschaft an Bewohner dieser Regionen. Im März 2008 beschloss die Duma, die Regionen als eigenständige Staaten anzuerkennen. Nachdem Russland Pioniertruppen zur Erneuerung des Eisenbahnschienennetzes nach Abchasien geschickt und südossetische Milizen trainiert hatte, kam es zu Zusammenstößen von abchasischen und südossetischen Milizen mit dem georgischen Militär. Georgische Truppen marschierten schließlich in Südossetien ein. Russland griff auf der Seite der abtrünnigen Regionen ein und führte gegen Georgien den »Fünf-Tage-Krieg«, der mit der Niederlage Georgiens und der Vertreibung der georgischen Bevölkerung aus Südossetien endete.

Und zu seinem Reich gehören wohl Belarus und die Ukraine. In Belarus hat er sich den dort regierenden Diktator Alexander Lukaschenko zum Vasallen gemacht. Die Ukraine will er Stück für Stück heim in sein Reich holen. 2014 besetzte und annektierte Russland die zur Ukraine gehörige Halbinsel Krim und unterstützte die Abspaltung der Oblaste Donezk und Luhansk im Osten des Landes. Acht Jahre später ließ Putin seine Truppen die Ukraine angreifen.

In einem langen Artikel auf seiner Website vom 21. Juli 2021 hatte Putin den Anspruch Russlands auf die Ukraine begründet und seine Vorstellung eines großrussischen Reichs öffentlich gemacht.[123] Seiner Ansicht nach sind Russland und die Ukraine ein Volk, eine Gesamtheit. Die Idee, dass die Ukraine eine eigene Nation wäre, sei von den polnischen und kleinrussischen Eliten in die Welt gesetzt worden. Als die Bolschewiken 1922 in der Gründungserklärung und 1924 in der Verfassung der Sowjetunion jeder Republik das Recht zum Austritt gewährten, hätten sie eine höchst gefährliche Zeitbombe unter die Staatsverfassung der UdSSR gelegt, die explodierte, sobald die führende Rolle der kommunistischen

Partei verschwunden war. Eine »Parade der Souveränitäten« folgte.

Die regierenden Kreise der Ukraine würden die von ihnen betriebene Unabhängigkeit ihres Landes mit der Verleugnung seiner Geschichte begründen. »Radikale und Neonazis trugen ihre Ambitionen offen und immer unverfrorener vor ... Schritt für Schritt wurde die Ukraine in ein gefährliches geopolitisches Spiel hineingezogen, das darauf abzielt, die Ukraine zu einer Barriere zwischen Europa und Russland zu machen, zu einem Sprungbrett gegen Russland.« Ein Klima der Angst werde in der ukrainischen Gesellschaft geschaffen und eine aggressive Rhetorik greife um sich, die Neonazis und die Militarisierung des Landes befördere. »Gleichzeitig erleben wir nicht nur eine völlige Abhängigkeit, sondern auch eine direkte Kontrolle von außen, einschließlich der Überwachung der ukrainischen Behörden, Sicherheitsdienste und Streitkräfte durch ausländische Berater, der militärischen ›Entwicklung‹ des ukrainischen Territoriums und der Einrichtung von NATO-Infrastruktur.«

Dagegen sei die wahre Souveränität der Ukraine nur in der Partnerschaft mit Russland möglich: »Unsere geistigen, menschlichen und zivilisatorischen Bindungen bestehen seit Jahrhunderten und haben ihren Ursprung in denselben Quellen, sie sind durch gemeinsame Prüfungen, Erfolge und Siege gefestigt worden. Unsere Verwandtschaft ist von Generation zu Generation weitergegeben worden. Sie ist in den Herzen und im Gedächtnis der Menschen, die im modernen Russland und der Ukraine leben, in den Blutsbanden, die Millionen unserer Familien vereinen. Gemeinsam waren wir immer und werden wir auch in Zukunft um ein Vielfaches stärker und erfolgreicher. Denn wir sind ein Volk.«

Russland sei nie gegen die Ukraine gewesen und werde dies auch in Zukunft nie sein. Und was die Ukraine sein werde, müssten ihre Bürger entscheiden. Doch diese entschieden sich gegen

Russland und leisteten den Invasoren erbitterten Widerstand. Was Putin nicht wahrhaben wollte, war, dass unter den Ukrainern die Tradition der Bruderschaft der Saporoger Kosaken aus dem 16. Jahrhundert fortlebte. Im Gegensatz zum autokratischen und zentralistischen Russland organsierten die Kosaken ihre Zusammenarbeit selbst und wählten ihre Führer. In der ukrainischen Nationalhymne erinnert der Refrain daran: »Seele und Leib werden wir für unsere Freiheit opfern, / und wir werden zeigen, Brüder, dass wir zum Kosakengeschlecht gehören.«

Zu Beginn seines Kriegs gegen die Ukraine am 24. Februar 2022, den er eine »militärische Spezialoperation« nannte, wandte sich Putin in einer Fernsehansprache an seine Bürger und die der Ukraine.[124] Den Überfall begründete er vor allem mit der Notwendigkeit, sich gegen die USA und ihre NATO-Partner zu verteidigen. Die NATO habe Russland getäuscht und ihren Einfluss gegen die getroffene Absprache nach Osten bis vor die Grenzen Russlands erweitert. Überhaupt habe die NATO ihren Machtanspruch mit Kriegen im ehemaligen Jugoslawien, mit dem Irak, Libyen und Syrien durchsetzen wollen. Durch die Unterstützung von separatistischen Bewegungen und Terroristen habe sie Russland von außen, durch die Zerstörung seiner traditionellen Werte von innen her eliminieren wollen.

In den Vierzigerjahren habe die Sowjetunion den Fehler gemacht, Nazideutschland beschwichtigen zu wollen. Dies habe dem Land enorme Kosten verursacht. Heute werde man diesen Fehler nicht zum zweiten Mal machen. In den russischen Nachbarregionen, in Russlands historischem Land, würden antirussische Kreise NATO-Truppen stationieren wollen. Dies sei eine reale Bedrohung der Existenz und Souveränität Russlands. Die rote Linie sei überschritten worden.

Im Donbass würden die in der Ukraine herrschenden Nationalisten der extremen Rechten und Neonazis an Millionen

Menschen einen Genozid begehen. Der »Showdown« zwischen Russland und diesen Kräften könne nicht mehr vermieden werden. Deshalb habe er, Putin, entschieden, die Ukraine durch eine »militärische Spezialoperation« zu demilitarisieren und zu entnazifizieren. Sollte der Westen eingreifen, werde er eine Reaktion Russlands erleben, deren Konsequenzen er noch nie in seiner Geschichte gesehen habe.

Einige Beobachter sehen hinter Putins Vorstellungen von einer Russki Mir, einem großrussischen Reich, das Weltbild Alexander Dugins, einem zeitgenössischen russischen Philosophen und Politiker mit dem Aussehen einer Figur aus einem Roman von Dostojewski. Dugin vertritt illiberale, antiwestliche Positionen. Die östliche Zivilisation sei vom orthodoxen Christentum geprägt und habe auch Platz für die muslimischen Minderheiten. In einem 2001 erschienenen Manifest »Eurasien« schrieb er: »Das eurasische Ideal ist der mächtige, leidenschaftliche, gesunde und schöne Mensch und nicht der Kokainsüchtige, der Bastard aus weltlichen Diskos, der asoziale Kriminelle oder die Prostituierte.«[125] Im darauffolgenden Jahr gründete er die Eurasien-Partei als Nachfolgerin der verbotenen Nationalbolschewistischen Partei Russlands. Heute gilt er als Unterstützer der von Putin propagierten Eurasischen Wirtschaftsgemeinschaft (EAWG).

Andere vermuten hinter Dugin und Putin Iwan Iljin, einen russischen Philosophen und überzeugten Monarchisten des frühen 20. Jahrhunderts. Aufgrund seiner zeitweiligen geistigen Nähe zu Nazideutschland und religiösen Überzeugungen wird Iljin auch als Vertreter des christlichen Faschismus gesehen. Putin hat aus seinen Schriften zitiert und an der Überführung Iljins sterblicher Überreste von der Schweiz nach Russland mitgewirkt. Dies und die zunehmend totalitäre Herrschaft Putins nähren die These, dass in Russland ein neuer Faschismus entstanden ist.[126]

Putin schien einen schnellen und vielleicht sogar kampf-
losen Sieg über die Ukraine erwartet zu haben. Viele Beobachter
im Westen teilten diese Einschätzung, und anscheinend glaubten auch Politiker und Militärs in der Ukraine nicht, dass sie dem
russischen Ansturm würden standhalten können. Doch die russischen Streitkräfte erwiesen sich als weit weniger kampfkräftig
als erwartet, während das ukrainische Militär mit Unterstützung
der Bevölkerung effektiven Widerstand leistete. Die Fähigkeit
zur Selbstorganisation in der Tradition der Kosaken war der
wesentliche Grund, warum die ukrainische Armee den an Feuer-
kraft überlegenen, aber zentral geführten Invasoren widerstehen
konnte.

Die ukrainische Standhaftigkeit einte den Westen und brachte ihn dazu, das Land militärisch und wirtschaftlich zu unterstützen. Die von Putin beschworene russische Gesamtheit, zu der
die ukrainischen Kleinrussen, die Weißrussen und die Großrussen
gehören sollten, erwies sich als Illusion, die von ihm erträumte
Russki Mir als Fata Morgana und die Dekadenz des Westens vielleicht nicht ganz so groß wie von ihm angenommen.

KGB-orthodox

Putin und seine KGB-Männer hatten hautnah erlebt, wie
der Zerfall der kommunistischen Ideologie zum Sturz der Sowjetunion beigetragen hatte. Ohne die in der KPdSU institutionali-
sierte Ideologie war die Auflösung des Vielvölkerreichs in seine
ethnischen und nationalen Bestandteile vorgezeichnet. Die KGB-
Reformer suchten das ideologische Vakuum zu füllen. Dafür erschien die russisch-orthodoxe Religion ideal. Die sie verkörpernde

Kirche war altmodisch, antiwestlich und aufgrund ihrer Rolle im zaristischen Russland mit einer politischen Autokratie wunderbar kompatibel.

Schon in den Siebzigerjahren hatte der KGB die russisch-orthodoxe Kirche unterwandert, um unter ihren Priestern Spione zu rekrutieren. Als die Sowjetunion kollabierte, bot die Kirche vielen KGB-Agenten eine neue Heimat. Und als Putin im Verlauf der Neunzigerjahre auf der Leiter der Macht aufstieg, wandte sich eine zunehmende Zahl der Mitglieder seines inneren Zirkels der Kirche zu und unterstützte sie finanziell. Vermutlich während seiner Zeit als FSB-Chef lernte Putin den Mönch Tichon Schewkunow kennen, der einem Kloster vorstand, das seinen Sitz in der Nachbarschaft der Lubjanka, der Zentrale des FSB, hatte.

Nach eigener Aussage ließ die Mutter den kleinen Wladimir mithilfe einer Nachbarin taufen. Die Frauen verheimlichten dies vor dem Vater, der ein überzeugter Kommunist und Parteisekretär in seiner Firma war. Als der große Wladimir 1993 mit einer russischen Delegation nach Israel reiste, gab ihm die Mutter sein Taufkreuz mit, um es segnen zu lassen. Er tat wie ihm gesagt, legte das Kreuz an einer Kette um den Hals und hat es seither nie wieder abgenommen.[127] Putin »beichtet, nimmt die Kommunion und versteht seine Verantwortung vor Gott für den ihm anvertrauten hohen Dienst und für seine unsterbliche Seele«, vertraute Schewkunow einer Zeitung an.[128] Der Mönch begleitete Putin während seiner Präsidentschaft auf mehreren Auslandsreisen, und vom Kreml geführte Unternehmen haben Schewkunows Wohltätigkeits- und Bildungsprojekte finanziert.

Allerdings beruht Putins Verbindung zur Kirche nicht nur auf seinem Glauben. In Russland gibt die Kirche nach ihrer Auszeit während des Sowjetkommunismus der Bevölkerung auch wieder geistige Führung. So identifizierten sich 2015 rund 71 Prozent der Russen als russisch-orthodoxe Christen und 57 Prozent

meinten, der Glaube sei ein wichtiger Teil dessen, was Russen aus-
macht.[129] Mit dem Moskauer Patriarchen Kirill pflegt Putin daher
eine enge Beziehung. Als er 2011 zur Wahl für eine dritte Amtszeit
als Präsident antrat, nannte ihn Kirill ein »Wunder Gottes«. Mit Kirill kämpft er gegen die dekadenten Einflüsse des liberalen Westens. Nachdem die feministische Punkband Pussy Riot 2012 mit
einem Auftritt in einer Moskauer Kathedrale gegen Kirills Unterstützung für Putin protestierte, wurden drei der Frauen verhaftet
und ins Gefängnis gesteckt. Ein neues Gesetz wurde eingeführt,
das die »Beleidigung von Gläubigen« unter Strafe stellt.

Kirill interpretierte den Krieg gegen die Ukraine als einen globalen, historischen Kampf um Werte, bei dem Russland die letzte
Bastion gegen einen unmoralischen Westen ist, der »Schwulen-
paraden« zulässt. Er sagte, die »Wahrheit Gottes« sei auf der Seite
Russlands, und er rief die Russen dazu auf, sich um ihre Regierung
zu scharen, damit der Staat »seine äußeren und inneren Feinde
zurückschlagen kann«.[130]

Kirills Unterstützung von Putin im Ukraine-Krieg führte
allerdings zu einer Spaltung der orthodoxen Glaubensgemein-
schaft. Patriarch Bartholomäus von Konstantinopel mit Sitz in
Istanbul, der von vielen als höchste Autorität der orthodoxen Kirche gesehen wird, gewährte 2018 der ukrainisch-orthodoxen Kirche die Unabhängigkeit von der russisch-orthodoxen Kirche. Zur
Vergeltung brach die russisch-orthodoxe Kirche mit Istanbul. Für
das orthodoxe Christentum bedeutete dies die zweite Spaltung
nach der Trennung von der römisch-katholischen Kirche im Jahr
1054.[131]

Mehr Wohlstand durch höhere Effizienz

Die Sowjetunion war an der Ineffizienz ihrer Staatsunternehmen untergegangen. Die Landwirtschaft produzierte nicht genügend Nahrungsmittel, um die Bevölkerung zu ernähren, der Bergbau schaffte nicht ausreichend Rohstoffe heran, um mit deren Export den Import notwendiger Lebensmittel zu bezahlen, und das verarbeitende Gewerbe schaffte es allenfalls, schlechte Kopien westlicher Konsum- und Investitionsgüter herzustellen. Gegen Ende der Achtzigerjahre ging ungefähr ein Viertel der gesamtwirtschaftlichen Produktion an die Rote Armee.[132]

Während der Regierungszeit Boris Jelzins wurde das Sowjetsystem durch eine an vielen Mängeln leidende Marktwirtschaft ersetzt. Die ganze unterdrückte Krankheit dieses Systems kam zum Ausbruch. Der aus der Sowjetzeit mitgeschleppte Geldüberhang entlud sich Anfang der Neunzigerjahre in einer Explosion der Inflation. Die Privatisierung der Staatsunternehmen verlief chaotisch, benachteiligte viele und begünstigte wenige. Die Klasse der Oligarchen entstand. Der Umbau der Staatswirtschaft führte zu einem Einbruch bei der Produktion, und der Staat hatte Mühe, seine Ausgaben zu finanzieren. Die Politik taumelte von Krise zu Krise.

Und dennoch entstand in dieser Zeit die Grundlage für die darauffolgende Periode der Erholung. Sie begann mit dem Einzug Putins in das Amt des Präsidenten. Politische Stabilität und wirtschaftliche Reformen setzten Wachstumskräfte frei. Bis zum Jahr 2014 schien Russland auf dem Weg zum Wohlstand. Doch dann erlahmten die Wachstumskräfte wieder. Mit dem Einmarsch in die Ukraine haben sie sich in Luft aufgelöst. Man kann diese Entwicklung anhand von Daten für das reale Bruttoinlandsprodukt

In der Ära Jelzin schrumpfte das Bruttoinlandsprodukt pro Kopf in Russland um 3,8 Prozent pro Jahr, während es in Deutschland um 1,7 Prozent pro Jahr weiter stieg.

pro Kopf nachvollziehen, die das Conference Board, eine US-amerikanische Wirtschaftsvereinigung und Forschungseinrichtung, zusammengestellt hat.

Die auf der nächsten Seite folgende Grafik zeigt die Daten für die Sowjetunion beziehungsweise Russland und West- beziehungsweise Gesamtdeutschland. 1950, fünf Jahre nach dem Ende des Zweiten Weltkriegs, betrug das Bruttoinlandsprodukt pro Kopf rund 9900 US-Dollar in Preisen von 2020 in Deutschland und 7500 US-Dollar in der UdSSR. Bis 1990 stieg es mit einer Jahresrate von 3,6 Prozent in Deutschland und 2,9 Prozent in der UdSSR. Allerdings dürfte der Anstieg des Wohlstands in der UdSSR während dieser Zeit überzeichnet sein, weil viele Güter dort von minderer Qualität waren.

In der Ära Jelzin schrumpfte das Bruttoinlandsprodukt pro Kopf in Russland um 3,8 Prozent pro Jahr, während es in Deutschland um 1,7 Prozent pro Jahr weiter stieg. Im Jahr 2000 war in Deutschland das BIP pro Kopf dreimal so hoch wie in Russland. Bis 2014 stieg es allerdings pro Kopf in Russland mit einer Jahresrate von 4,2 Prozent, während die Wachstumsrate in Deutschland nur 1,7 Prozent betrug. Danach sank die Wachstumsdynamik. Zwar tat sie das auch in Deutschland, und zwar bis 2022 auf 0,7 Prozent, aber in Russland kollabierte die Rate auf nur noch 0,5 Prozent. Diese Daten weisen auf einen Bruch in Putins Wirtschaftspolitik, den Putinomics, hin.

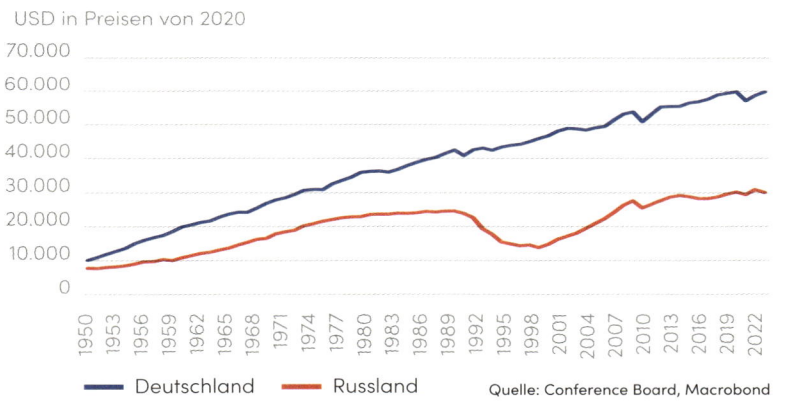

Grafik 5
DEUTSCHLAND, UDSSR, RUSSLAND:
REALES BRUTTOINLANDSPRODUKT PRO KOPF

USD in Preisen von 2020

— Deutschland   — Russland   Quelle: Conference Board, Macrobond

In der ersten Phase bestand Konsens über eine Reihe wichtiger Prinzipien: So sollten Eigentumsrechte respektiert werden, auf den Märkten sollte freier Wettbewerb herrschen, Preisstabilität galt für eine gesunde Wirtschaftsentwicklung als unverzichtbar und der Wohlfahrtsstaat sollte schlank sein. Diese Prinzipien erforderten, dass sich der Staat weitgehend aus den Angelegenheiten der Wirtschaft heraushielt.

Zwar wurden sie nur verwässert in Politik umgesetzt. Privates Eigentum stand unter staatlichem Vorbehalt und auf den Märkten herrschte eher monopolistische Konkurrenz als vollständiger Wettbewerb. Aber als Orientierungspunkte für die Wirtschaftspolitik entfalteten sie positive Wirkung. Staatliche Regulierungen für die Gründung von Unternehmen, für den Verkauf von Land, den Devisenhandel und die Gütermärkte wurden abgebaut. Die Zentralbank wurde auf die Bekämpfung der Inflation verpflichtet. Das löchrige Steuersystem wurde grundlegend reformiert. Man senkte den Satz für die Unternehmenssteuern von 43 Prozent auf 24 Prozent und für die Einkommenssteuer führte man einen pauschalen Steuersatz (Flat Tax) von 13 Prozent ein.

Mit der Steuerreform verschob sich aber auch die Einnahmequelle des Staates. Im Jahr 2005 machten Steuern auf die Ölproduktion 40 Prozent der Einnahmen der Föderationsregierung aus. Da der Ölpreis auf dem Weltmarkt stieg und die Einnahmen des Staates aus den Lizenzen für die Rohstoffförderung zunahmen, konnte der Staat die Steuern niedrig halten und gleichzeitig seinen Haushalt konsolidieren (siehe unten).

Der starren sowjetischen Planwirtschaft folgte nach einer Zeit der Wirren unter Jelzin eine »duale« Wirtschaft unter Putins Herrschaft, die an die Staatsteilung unter Zar Iwan IV., genannt der Schreckliche, erinnert. Iwan betrachtete einen Teil des Staates als sein Eigentum (*Oprichnina*). Den anderen Teil (*Zemshchina*) überließ er ihm unterstellten Adligen, den Bojaren, und griff dort nur ein, wenn es ihm gerade passte. Darunter litt die Wirtschaft in beiden Teilen.[133] Auch in Putins Russland blieb die Produktivität gering, wo die Staatsunternehmen und Günstlingswirtschaft weiter vorherrschten. In dem anderen Bereich, der dem Kreml ferner stand, wurde die Produktion dagegen modernisiert – und die Produktivität stieg. Trotz der geringeren Produktivität im ersten Bereich stiegen die Vermögen der Superreichen dank ihrer Nähe zu Putin dort stärker als im zweiten.[134]

Beeindruckend war die Entwicklung der Landwirtschaft. In Zeiten der Sowjetunion hatte die Kollektivierung die Produktivität dermaßen verringert, dass es zu Hungersnöten gekommen war. Nur durch Nahrungsmittelimporte konnte die Versorgung sichergestellt werden. Unter Putins Regierung wurde die Abhängigkeit Russlands von Lebensmittelimporten gezielt gemindert und das Land zum größten globalen Weizenexporteur mit einem Weltmarktanteil von 20 Prozent.[135] Möglich wurde dies durch die

Steigerung der Produktivität infolge der Privatisierung der Betriebe. Landwirtschaftliche Unternehmen hatten im Jahr 2018 einen Anteil von 55 Prozent und Familienbetriebe von 45 Prozent an der Produktion.[136]

Insgesamt erlebte die russische Wirtschaft in der ersten Phase von Putins Herrschaft eine Blüte, trotz Korruption und mangelndem Respekt vor Privateigentum. Die zu Oligarchen gewordenen Unternehmer konnten hoffen, ihr Eigentum behalten zu dürfen, solange sie Putins Umfeld nicht in die Quere kamen. So expandierte zum Beispiel der politikferne Einzelhandel, und die Produktivität in der Stahlindustrie stieg an. Dagegen blieb die von dem Putin-Freund Wladimir Jakunin geleitete staatliche Eisenbahngesellschaft ein Mahnmal für Ineffizienz und Korruption.

Dank der Reformen und der nach oben gegangenen Ölpreise stiegen Wirtschaftswachstum und Steuereinnahmen, und die Staatsschuldenquote fiel von 93 Prozent des Bruttoinlandsprodukts im Jahr 1999 auf 15 Prozent 2014. Der Überschuss in der außenwirtschaftlichen Leistungsbilanz kletterte von 22 Milliarden US-Dollar 1999 auf 56 Milliarden US-Dollar 2014. Die Inflation sank von einer durchschnittlichen Jahresrate von 384 Prozent in der Zeit von 1992 bis 1999 auf 11,7 Prozent in den folgenden vierzehn Jahren. Die Arbeitslosigkeit fiel von im Schnitt 9,3 Prozent während der Amtszeit Jelzins auf 6,5 Prozent während der von Putin. Löhne und Altersrenten wurden angehoben. Wirtschaftliche und politische Stabilität verbunden mit steigendem Wohlstand für die Masse sicherten Putin hohe Popularitätswerte. Nach dem Rückgang in der Ära Jelzin auf nur noch neunundfünfzig Jahre 2003, stieg die Lebenserwartung während Putins Herrschaft auf knapp siebenundsechzig Jahre 2018.

Doch seit 2014 nimmt die Dynamik der Wirtschaft ab (SIEHE GRAFIK 6). Dafür dürften drei Gründe maßgeblich sein. Erstens brach mit dem Aufkommen des Frackings in den USA zwischen

2014 und 2016 der Ölpreis zusammen. Folglich verschlechterte sich das außenwirtschaftliche Tauschverhältnis, die Terms of Trade, für den Rohstoffexporteur Russland. Der Import von für das Wachstum wichtigen Technologiegütern wurde teurer. Zweitens nahm mit der Besetzung der Halbinsel Krim der staatliche Einfluss auf die Wirtschaft zu. Für seine militärischen Operationen brauchte der Staat mehr Geld, das der Wirtschaft fehlte, und die Unternehmer kamen unter stärkere staatliche Kontrolle. Und drittens dürften die zunehmenden Sanktionen des Westens die Stimmung in den staatsfernen Sektoren getrübt und die Leistungsbereitschaft der dort tätigen Unternehmer gesenkt haben.

Grafik 6

RUSSLAND: WIRTSCHAFTSWACHSTUM UND ÖLPREIS

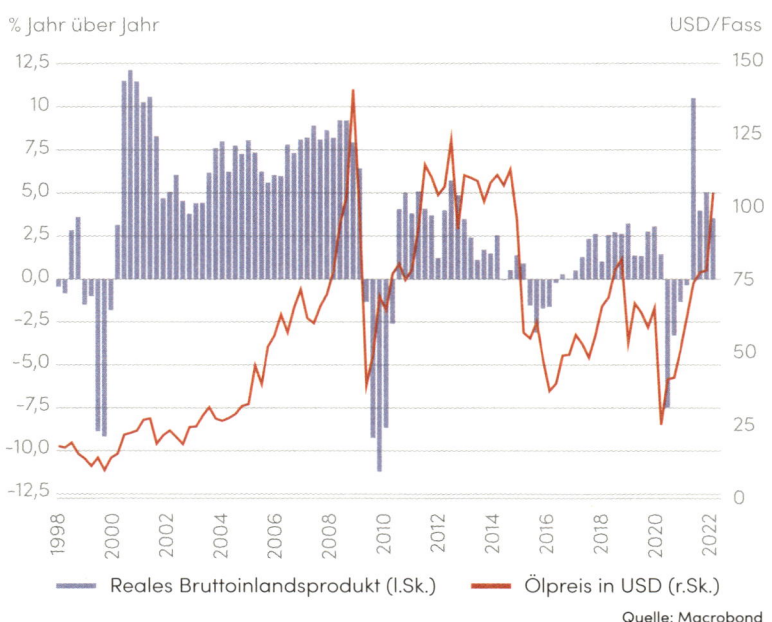

Reales Bruttoinlandsprodukt (l.Sk.)   Ölpreis in USD (r.Sk.)

Quelle: Macrobond

Finanzfestung

Schon länger waren sich die ökonomischen Reformer der Post-Sowjetzeit der Gefahr bewusst, dass die sogenannte Holländische Krankheit ihrer Wirtschaftspolitik einen Strich durch die Rechnung machen würde. Der Begriff geht auf die Erfahrung der Niederlande bei der Ausbeutung von Erdgasvorkommen in den Sechzigerjahren zurück. Mit zunehmendem Export von Erdgas stiegen der Außenhandelsüberschuss und der Wechselkurs des holländischen Guldens. Andere Exporteure verloren ihre Wettbewerbsfähigkeit auf den Weltmärkten, und die Struktur der Wirtschaft verschob sich hin zum Rohstoffsektor. Nach der Erfahrung der Niederlande entwickelten rohstoffexportierende Länder Instrumente, um die Holländische Krankheit zu vermeiden.

Es bürgerte sich ein, die Lizenzeinnahmen des Staates aus der Rohstoffförderung zum Kauf ausländischer Vermögenswerte zu nutzen. Auf diese Weise können Deviseneinnahmen wieder als Kapital exportiert werden, sodass der Wechselkurs von den Rohstoffexporten unberührt bleibt. Wenn die erworbenen Vermögenswerte in einem Fonds gesammelt werden, können die Kapitaleinkünfte aus dem Anlagevermögen später zur Finanzierung von Altersrenten genutzt werden. Sollten bis dahin die Rohstoffvorkommen weniger ergiebig und die Lizenzeinnahmen aus der Produktion geringer geworden sein, könnten die in Fremdwährung anfallenden Kapitaleinkünfte in heimische Währung getauscht werden, ohne eine unerwünschte Aufwertung der Währung zu bewirken.

Mit Unterstützung von Präsident Putin wurde daher 2004 ein Stabilitätsfonds gegründet, der die über eine bestimmte Schwelle hinausgehenden Lizenzeinnahmen aus der Rohstoffförderung in ausländischen Staatsanleihen anlegen sollte. Allerdings war das Volumen des Fonds auf 500 Milliarden Rubel (zu dieser Zeit 18 Milliarden US-Dollar) gedeckelt. Schon 2005, im zweiten Jahr seines

Bestehens, wurde diese Grenze erreicht, da der Staat im Umfeld steigender Ölpreise ein Drittel seiner Lizenzeinnahmen an den Fonds abführte. In der Folgezeit wurden die Einnahmen daher verwendet, um Auslandsschulden zurückzuzahlen. Auf diese Weise blieb trotz steigender Auslandsverschuldung des privaten Sektors das Land insgesamt ein Gläubiger gegenüber dem Ausland.

Als mit der Annexion der Krim die Möglichkeit des privaten Sektors, sich im Ausland zu verschulden, sank, stiegen die Forderungen Russlands an das Ausland bis Ende 2021 auf knapp 500 Milliarden US-Dollar. Die russische Zentralbank hatte einen formidablen Kriegsschatz angehäuft. Ende 2021 hielt sie Reserven von 135 Milliarden US-Dollar in Gold und weitere 438 Milliarden US-Dollar in Form von ausländischen Wertpapieren. Aufgrund des Embargos des Westens nach dem Überfall auf die Ukraine konnte sie diesen Schatz allerdings nicht mehr nutzen.

Implosion

In seinem Programm für das neue Jahrtausend hatte Putin gefordert: »Die verantwortlichen gesellschaftspolitischen Kräfte sollten der Nation eine Strategie für die Wiederbelebung und den Wohlstand Russlands anbieten, die auf all dem Positiven basiert, das sich im Laufe der marktwirtschaftlichen und demokratischen Reformen angesammelt hat, und die nur mit evolutionären, schrittweisen und umsichtigen Methoden umgesetzt werden kann. Diese Strategie sollte in einer Situation politischer Stabilität umgesetzt werden und darf nicht zu einer Verschlechterung des Lebens des russischen Volkes, seiner Teile und Gruppen führen.«

Wirtschaftliche Reformen nach marktwirtschaftlichen und demokratischen Prinzipien, verbunden mit politischer Stabilität, sollten dem russischen Volk Wohlstand garantieren. Einiges davon hat Putin, der Reformer, verwirklicht. Mit den wirtschaftlichen Erfolgen und der Zeit gewann aber Putin, der Autokrat und Imperialist, die Oberhand über den Reformer. In dem Bemühen, ein großrussisches Reich wiederherzustellen, hat der Autokrat und Imperialist die Erfolge des Reformers wieder zunichtegemacht. Putinomics ist aufgrund seiner inneren Widersprüche implodiert. »Wenn die Definition einer Kleptokratie der Dritten Welt ein Land ist, in dem sich die Führer auf Kosten des Volkes und der Nation bereichern, dann trifft dies auf Putins Russland zu«, urteilt der frühere Oligarch und heutige Kreml-Kritiker Michail Chodorkowski.[137] Auch das erinnert an Iwan den Schrecklichen, mit dessen Herrschaft Putins Staatsführung gelegentlich verglichen wird.[138]

Während die Sowjetunion ihrem Untergang entgegendämmerte, waren die Männer des KGB weitsichtig genug, um sich auf das Unvermeidliche vorzubereiten. Der Rückzug der Sowjetführung aus dem Totalitarismus der Stalinzeit machte es ihnen möglich. Putin geht den entgegengesetzten Weg. Je deutlicher es wird, dass Putinomics gescheitert ist, desto mehr baut er seine Festung der Macht aus. Als gelernter Jurist scheute sich Putin lange, die 1993 geänderte Verfassung der Russischen Föderation infrage zu stellen. Doch im Juli 2020 ließ er das Volk über eine Neuerung abstimmen.

Durch sie kamen soziale Versprechen und Normen in die Verfassung. So wurde zum Beispiel eine jährliche Rentenanpassung garantiert, was der alternden russischen Gesellschaft ein großes Anliegen war. Und der Mindestlohn wurde in die Verfassung aufgenommen. Russland wurde als »Rechtsnachfolger der Sowjetunion« und als Staat bezeichnet, der durch eine »tausendjährige Geschichte vereint« sei. Man wahre das »Andenken an die Vorfahren«, die »Ideale« und den »Glauben an Gott« hinterlassen hätten. Der Staat wurde verpflichtet, »traditionelle Familienwerte« zu schützen und für eine patriotische Erziehung der Kinder zu sorgen. Gleichgeschlechtliche Ehen wurden verboten.

Aber der eigentliche Grund für die Änderung war die Verlängerung der Amtszeit des Präsidenten und die Stärkung seiner Stellung in der Regierung. Putin begründete dies damit, dass der russische Staat eine starke präsidiale Macht brauche. Diese soll noch für viele Jahre von ihm ausgehen. Dazu ließ er in der Verfassung eine Ausnahme für sich einbauen. Seine früheren Amtszeiten wurden annulliert, sodass er nach seiner Wiederwahl 2024 zwei weitere Amtszeiten von jeweils sechs Jahren als Präsident hätte. Die Wiederwahlen vorausgesetzt, woran kaum zu zweifeln ist, würde er durch die Verfassungsänderung bis dahin auch mehr Macht auf Kosten des Premierministers und der Regierung bekommen. Im Jahr 2036 wäre Putin vierundachtzig. Auch für die Zeit danach hat er sich abgesichert. Auf Wunsch kann er dann einen lebenslangen Sitz im Föderationsrat erhalten und sich damit Immunität gegen Rechtsklagen sichern.

Rund 78 Prozent der Bürger sprachen sich nach Angaben der Wahlkommission für die neue Verfassung aus, 21,2 Prozent waren dagegen. Die Wahlbeteiligung wurde mit rund 65 Prozent angegeben. Zwar wurden den Behörden von Beobachtern Wahlfälschungen vorgeworfen. Doch Nachwahlbefragungen des staatlichen Umfrageinstituts WIZIOM schienen die große Zustimmung zur neuen Verfassung zu bestätigen.[139]

Mit diesem Manöver hat Putin versucht, die wichtigste Frage aller Autokraten zu beantworten: Wie kann ich mich bis zu meinem Tod absichern? Der gelernte Jurist Putin wagt es scheinbar auf dem Rechtsweg, obwohl sich der Politiker Putin noch nie um das Recht geschert hat. Doch im Staate Putins steht die Macht über dem Recht, und die Macht liegt bei ihm. Wie Stalin wird er sie mit Terror gegen seine Umgebung und das Volk durchsetzen müssen. Stalin war misstrauisch genug, um jeden Versuch einer Machtübernahme zu seinen Lebzeiten im Keim zu ersticken. Wahrscheinlich wird Putin diesem Vorbild folgen wollen. Doch am »ökonomischen Gesetz« dürfte auch der Tyrann Putin schließlich scheitern, so wie die sowjetischen Machthaber vor ihm.

Zu den direkten Kosten des Ukraine-Kriegs in Form von gefallenen jungen Männern und zerstörten Kriegswaffen kommen die indirekten Kosten der Abkoppelung Russlands vom westlichen Handels- und Finanzsystem dazu.[140] Das Land ist auf dem Weg zu einem verarmten, großen Nordkorea. Im Gegensatz zu der Kim-Sippe hat Putin jedoch keine von außen wahrnehmbaren Zeichen für den Aufbau einer Familiendynastie erkennen lassen. Keines seiner ehelichen und außerehelichen Kinder wurde bisher als möglicher Nachfolger präsentiert. Folglich dürfte sein Regime mit seinem Tod enden. Ob dieser Tod gewaltsam in einem Coup seiner direkten Umgebung oder auf natürliche Weise durch Krankheit oder Alter herbeigeführt wird, bleibt offen.

Offen ist auch, wie es nach Putin weitergehen könnte. Ein von außen beförderter »Regimewechsel« erscheint angesichts der Größe des Landes unmöglich, und das russische Volk hat abgesehen von der chaotischen Regierungszeit Boris Jelzins keine Erfahrungen mit einer demokratischen Regierungsform sammeln können. Von der großen Mehrheit der russischen Bevölkerung ist ebenso wenig Widerstand gegen die Herrschaft Putins zu erwarten wie vordem von der deutschen Bevölkerung gegen die Naziherrschaft. Die Blut-und-Boden Ideologie verfängt heute in Russland, wie es damals in Nazideutschland der Fall war. Nur eine Minderheit wendet sich gegen das Regime. Sie emigriert oder erleidet das Schicksal der Märtyrer.

Die russische Geschichte legt nahe, dass der Diktatur Putins eine weitere Autokratie folgen dürfte. Zu hoffen ist, dass sich Russland nach der Erfahrung mit dem Putin-Regime zu einem demokratischen Rechtsstaat wandeln wird.

Partner
und
Widersacher

A ngela Merkel setzte sich für den Fototermin im Januar 2007 in der Sommerresidenz des russischen Präsidenten in Sotschi ins Kaminzimmer. Ohne Vorwarnung rief Putin seinen Labrador Koni herein. Die schwarze Hündin kam schwanzwedelnd auf Merkel zu. Obwohl sie wusste, dass ihr nichts passieren konnte – das hatte Putin bestimmt genau in Betracht gezogen –, versteinerten sich ihre Gesichtszüge. Seit einem Biss in ihrer Kindheit wurde sie die Angst vor Hunden nicht mehr los. Nachdem Koni die erhofften Streicheleinheiten von Merkel nicht bekommen hatte, trabte er wieder aus dem Zimmer. Putin verfolgte den Vorgang mit einem maliziösen Lächeln. Sie waren – nun ja – »ziemlich beste Feinde«.

Putins Verhältnis zum Westen und Merkels Verhältnis zu Putin waren von Anziehung und Abstoßung, vor allem aber durch große Missverständnisse geprägt. Möglicherweise wider besseres Wissen und auf Drängen ihres sozialdemokratischen Koalitionärs akzeptierte Merkel Putin als Partner in der deutschen Sicherheitspolitik, während Putin nach anfänglichen Annäherungsversuchen den Westen als dekadent und östlichen Autokratien wie China und Russland unterlegen betrachtete. Vermutlich sah er das Merkel-Deutschland als einen nützlichen Idioten für seinen Plan zum geopolitischen Aufstieg Russlands zur Weltmacht.

Abrüstung und Aufrüstung

Im Sommer 1989 veröffentlichte der US-amerikanische Politikwissenschaftler Francis Fukuyama einen Artikel mit dem Titel »Das Ende der Geschichte«.[141] Dort vertrat er die These, dass der Aufstieg der westlichen liberalen Demokratie, der nach dem Kalten Krieg und der sich abzeichnenden Auflösung der Sowjetunion stattfand, die Menschheit nicht nur an das Ende einer bestimmten Periode der Nachkriegsgeschichte, sondern an das Ende der Geschichte selbst geführt hätte. Der Endpunkt der ideologischen Evolution in der Geschichte der Menschheit und die Universalisierung der westlichen liberalen Demokratie hätte sich als die endgültige Form der menschlichen Regierung durchgesetzt.

Manche Angehörige des Westens mögen das schon in der Zeit der westlichen Euphorie nach dem Fall der Berliner Mauer und des Sowjetimperiums als übertriebenes Siegesgeheul empfunden haben. Doch drückte diese These eine Stimmung aus, die für lange Zeit die europäische – und vor allem die deutsche – Sicherheitspolitik bestimmen sollte. Weltfrieden sollte Abrüstung ermöglichen und die eingesparten Finanzmittel als »Friedensdividende« anderen Verwendungen zugeführt werden können. Das Personal der deutschen Bundeswehr wurde von rund 500 000 Soldaten im Jahr 1989 auf rund 177 000 Soldaten 2015 verringert. 2011 wurde die allgemeine Wehrpflicht für Männer ausgesetzt. Die Verteidigungsausgaben sanken von 2,5 Prozent des Bruttoinlandsprodukts im Jahr 1989 auf 1,1 Prozent 2015.

Auch in Russland sanken die Aufwendungen für die Verteidigung nach dem Ende der Sowjetunion während des letzten Jahrzehnts des 20. Jahrhunderts. Von 2,5 Millionen Angehörigen des Militärs 1989 waren eine Dekade später nur noch 1,4 Millionen übrig. Nachdem er im Jahr 2000 von Jelzin zum amtierenden Präsidenten ernannt worden war, sprach sich Putin für eine engere Zusammenarbeit mit der NATO aus. Er schloss sogar eine künftige Mitgliedschaft Russlands in ihr nicht aus. In einer oft zitierten Rede vor dem Deutschen Bundestag am 25. September 2001 umschmeichelte Putin seine Zuhörer.

Er erklärte das Ende des Kalten Krieges und den Weg zurück in die Vergangenheit als verschlossen. Die europäische Einigung sah er mit Hoffnung, verband damit aber auch den Aufruf zu größerer Unabhängigkeit von den USA und einer engeren Verbindung mit Russland. Um die Friedfertigkeit Russlands zu unterstreichen, gab er an, dass zum ersten Mal in der Geschichte Russlands die Ausbildungsausgaben die Verteidigungsausgaben übertroffen hätten. Eine neue Seite der Geschichte der russisch-deutschen Beziehungen werde aufgeschlagen und ein gemeinsamer Beitrag zum Aufbau des europäischen Hauses geleistet werden. Das starke und lebendige Herz Russlands sei für eine vollwertige Zusammenarbeit und Partnerschaft geöffnet. Die Abgeordneten erhoben sich und spendeten stehend anhaltenden Beifall, so heißt es im Protokoll des Bundestags.

Die Standing Ovations des Bundestags drückten den nach dem Kollaps des Sowjetimperiums in Deutschland durchgebrochenen Willen zum unbedingten Frieden aus – nach dem Motto: »Wenn man ganz fest daran glaubt, werden Wünsche wahr.« Darin mit schwang der latente Antiamerikanismus im deutschen Westen, der staatlich geförderte Antiamerikanismus im Osten, das schlechte Gewissen der Nachfahren wegen des Russlandüberfalls ihrer Nazi-Vorfahren und die eingeübte Bewunderung des großen sozialistischen Brudervolks von den einstigen Bürgern der DDR. Putin weckte diese Gefühle auf meisterhafte Weise.

Aber war sein Angebot einer engen Partnerschaft ernst gemeint oder die zum Instrumentenkasten eines gelernten

KGB-Agenten gehörende Täuschung des Gegners? Im Rückblick scheint die zweite Möglichkeit wahrscheinlicher. Während in Deutschland von 1999 bis 2002 die Verteidigungsausgaben in US-Dollar zu konstanten Preisen gerechnet um 15 Prozent sanken, stiegen sie in dieser Zeit in Russland um 106 Prozent an. Deutschland rüstete ab und Putin auf, während er sein Angebot machte.

In seiner Rede deutete er den Grund dafür an: »Wir leben weiterhin im alten Wertesystem. Wir sprechen von einer Partnerschaft. In Wirklichkeit haben wir aber immer noch nicht gelernt, einander zu vertrauen. Trotz der vielen süßen Reden leisten wir weiterhin heimlich Widerstand. Mal verlangen wir Loyalität zur NATO, mal streiten wir uns über die Zweckmäßigkeit ihrer Ausbreitung.« Man konnte das als eine Konditionierung seines Angebots zur Partnerschaft verstehen. Im Jahr 1999, als Putin Ministerpräsident unter Jelzin war, traten Polen, Tschechien und Ungarn der NATO bei. Damit setzten diese Länder ein Zeichen, dass sie Russland eben nicht vertrauten. Würde jedoch Deutschland Russland vertrauen, wären sie umzingelt.

Weniger als vier Jahre später, am 25. April 2005, bezeichnete Putin dann den Zerfall der Sowjetunion in seiner Rede vor den Mitgliedern der Föderationsversammlung als »die größte geopolitische Katastrophe« des 20. Jahrhunderts. Eigenen Angaben zufolge hatte er schon so ähnlich empfunden, als er nach dem Fall der Berliner Mauer von Dresden nach Sankt Petersburg übersiedelte. Im März 2004 traten Bulgarien, Estland, Lettland, Litauen, Rumänien, die Slowakei und Slowenien der NATO bei. Offensichtlich hatte Putins Charmeoffensive gegenüber Deutschland eine weitere Ausbreitung nicht verhindern können.

Am 14. Februar 2007 zog er in einer Rede auf der Münchner Sicherheitskonferenz daraus die Konsequenzen und bezeichnete die NATO-Osterweiterung als »provozierenden Faktor«. Insgesamt wandte er sich gegen das vom Westen angeblich angestrebte

Modell einer »monopolaren Welt«, »weil es selbst keine Basis hat und nicht die sittlich-moralische Basis der modernen Zivilisation sein kann«. Und »nebenbei gesagt, lehrt man uns – Russland – ständig Demokratie. Nur die, die uns lehren, haben selbst, aus irgendeinem Grund, keine rechte Lust zu lernen.«[142]

Die westliche Öffentlichkeit war schockiert. Und dennoch war man unvorbereitet, als Putin 2008 den »Fünf-Tage-Krieg« gegen Georgien (auch Kaukasuskrieg genannt) führte, 2014 die Krim besetzen ließ und den ukrainischen Donbass für Russland beanspruchte, 2015 aufseiten des Diktators Baschar al-Assad in den Syrienkrieg eingriff und am 24. Februar 2022 die Ukraine überfiel. Zwischen 2007, dem Jahr des »Putin-Schocks«, und 2019 sanken die deutschen Ausgaben für Verteidigung in US-Dollar-Preisen von 2012 gerechnet um ein Prozent. In Russland stiegen sie dagegen um 24 Prozent (GRAFIK 7):

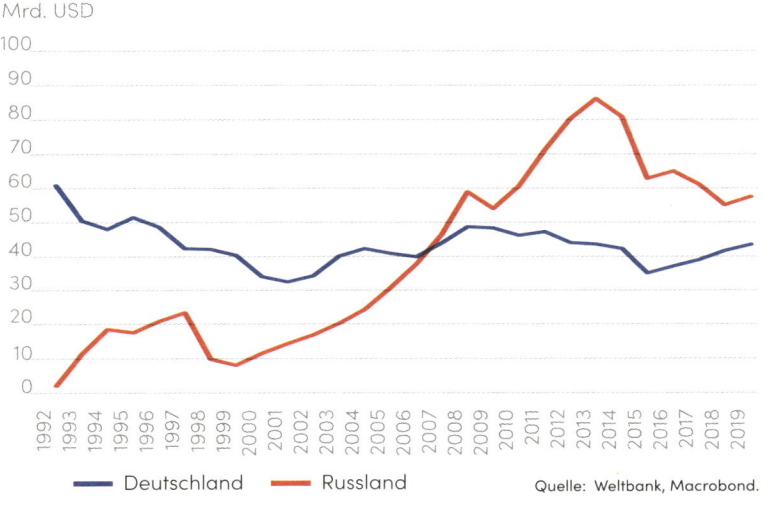

Grafik 7

VERTEIDIGUNGSAUSGABEN IN DEUTSCHLAND UND RUSSLAND (IN PREISEN VON 2012)

Mrd. USD

Quelle: Weltbank, Macrobond.

Die Aufrüstung war zum Teil dafür da, das angestrebte groß-russische Reich wiederherstellen zu können. Zum anderen war sie motiviert von dem Gefühl, von der NATO immer enger eingekreist zu werden. So könnte die Umzingelung Russland die Luft zum Atmen nehmen, und es könnte ein »Regimewechsel« folgen, wie ihn die USA in Deutschland und Japan bewerkstelligt haben, so jedenfalls die Befürchtung. Die Bekämpfung der scheinbaren Ein-kesselung rechtfertigte Putin mit gebrochenen Versprechen der NATO zur Zurückhaltung. Wie auch in anderen Fragen bediente er sich dafür einer seine Zwecke legitimierenden Interpretation der Geschichte.

Eine wichtige Rolle spielten dabei Gespräche zwischen dem damaligen US-Außenminister James Baker und Staatschef Mi-chail Gorbatschow im Februar 1990. Einer Mitschrift zufolge sagte Baker damals, die Amerikaner hätten verstanden, dass für die Sowjetunion und andere europäische Länder Garantien wich-tig seien für den Fall, dass die USA ihre Präsenz in Deutschland im Rahmen der NATO beibehalten würden. Die gegenwärtige Militärhoheit der NATO werde nicht einen Zoll in östlicher Rich-tung ausgedehnt werden. Gemeint war damit, dass das Atlanti-sche Bündnis den 1990 noch bestehenden Warschauer Pakt nicht herausfordern würde. Ähnlich äußerte sich der damalige NATO-Generalsekretär Manfred Wörner am 17. Mai 1990: »Schon die Tat-sache, dass wir bereit sind, die NATO-Streitkräfte nicht hinter den Grenzen der Bundesrepublik Deutschland zu stationieren, gibt der Sowjetunion feste Sicherheitsgarantien.« Und er fügte hinzu: »Wir könnten uns eine Übergangszeit vorstellen, in der eine ver-ringerte Anzahl von Sowjettruppen in der heutigen DDR statio-niert bleiben.«[143]

Jahre später bestätigte Michail Gorbatschow im *heute jour-nal* des ZDF, dass es in diesen Gesprächen 1990 um das Territo-rium der DDR gegangen sei. Eine NATO-Expansion in östliche

Richtung darüber hinaus sei nicht diskutiert worden: »Der Warschauer Pakt existierte doch noch. Die Frage stellte sich damals gar nicht.« Es sei ein Mythos, dass Russland vom Westen betrogen worden sei. Die Osterweiterung der NATO begann erst, nachdem sich der Warschauer Pakt aufgelöst hatte, und zwar nicht auf Initiative der NATO, sondern der Beitrittskandidaten. Dennoch gaben sich insbesondere europäische Politiker große Mühe, russische Empfindlichkeiten zu berücksichtigen.

Auf dem NATO-Sondergipfel im Mai 1997 in Paris unterzeichneten beide Seiten die NATO-Russland-Akte und schufen den NATO-Russland-Rat als ein Forum für Konsultationen, Zusammenarbeit und Konsensbildung. Mit der Akte bekamen russische Diplomaten Zugang zum NATO-Hauptquartier in Brüssel. Erst danach begannen die Beitrittsgespräche mit den mitteleuropäischen Staaten. Die NATO sicherte zu, keine Atomwaffen, keine Kommandozentralen und keine Truppen mit einer Stärke von mehr als 10 000 Soldaten pro Beitrittsland zu stationieren.

US-Präsident George W. Bush, der 2001 in Europa im Hinblick auf den Iran die Raketenabwehr verstärken wollte und den Austritt aus dem Vertrag zur Begrenzung von Abwehrraketensystemen erklärt hatte, wollte auf dem NATO-Gipfel 2008 in Bukarest der Ukraine und Georgien ihren Wunsch zur Aufnahme in das Bündnis bewilligen. Beide Staaten hatten den Beitritt in ihren Verfassungen verankert, und die Zustimmung der jeweiligen Bevölkerung zu diesem Schritt war sehr groß. Doch Bundeskanzlerin Merkel und andere europäische Politiker sprachen sich gegen den Beitritt der beiden ehemaligen Sowjetrepubliken aus, um Putin nicht zu provozieren. Und in den Georgienkrieg von 2008 griffen weder die NATO noch die USA im Alleingang militärisch ein.

Erst mit dem Überfall Russlands auf die Ukraine am 24. Februar 2022 wurde klar, dass die westliche Appeasement-Politik gegenüber Russland gescheitert war. Dennoch verfolgen Teile der deutschen Politik sie hinter den Kulissen weiter. Bundeskanzler Scholz versprach zwar, die Ukraine mit Waffenlieferungen zu unterstützen. Doch den Versprechen folgten lange nur wenige Taten. Die Frage, ob die Verzögerungen der Lieferungen Absicht waren oder die Unfähigkeit der Regierung ihre Erfüllung vereitelte, stand im Raum.

Vertragsrecht gegen Recht des Stärkeren

Ende Februar 2014 erschienen auf der ukrainischen Halbinsel Krim grün uniformierten Soldaten ohne Hoheitsabzeichen. Schnell fand man für sie einen Namen: »grüne Männchen«. Russland bestritt zunächst jede Verbindung zu den »grünen Männchen« und behauptete, bei ihnen handele es sich um örtliche »Selbstverteidigungsgruppen«, die ihre Uniformen und Waffen in örtlichen Geschäften gekauft hätten. Die dreiste Lüge flog schnell auf, da die Truppen mit Waffen ausgerüstet waren, die von der russischen Armee verwendet wurden, ihre Kraftfahrzeuge russische Nummernschilder hatten und die Männer in einem zentral-russischen Dialekt sprachen, der sich von der auf der Krim heimischen südrussischen Mundart unterscheidet.[144]

Im März rückten dann reguläre russische Einheiten ein, und nach einem gefälschten Referendum annektierte Russland die Krim. Im April erschienen ebenfalls »grüne Männchen« in den ukrainischen Bezirken Donezk und Luhansk und gingen nach den gleichen Mustern vor wie bei der Besetzung und Annexion der Krim. In einer Fragestunde im Fernsehen am 17. April 2014 gab Putin schließlich zu, dass es sich bei den »grünen Männchen« auf der Krim um russische Soldaten handelte. Nachdem sich auch die Herkunft der »grünen Männchen« in Donezk und Luhansk nicht mehr leugnen ließ, behaupteten ab September die staatsnahen russischen Medien, dass die russischen Soldaten dort in ihrer Freizeit kämpfen würden.

Im März rückten dann reguläre russische Einheiten ein, und nach einem gefälschten Referendum annektierte Russland die Krim.

Die russische Operation gegen die Ukraine stellte einen eklatanten Bruch der in der Schlussakte von Helsinki 1975, der Charta von Paris 1990 und dem Budapester Memorandum von 1994 vereinbarten europäischen Friedensordnung dar. Sie zerstörte auch den russisch-ukrainischen Freundschaftsvertrag von 1997. Nach dem Einmarsch der russischen Truppen auf die Krim und in die Ostukraine im Jahr 2014 verhängten westliche Staaten deshalb Wirtschaftssanktionen gegen staatsnahe russische Bürger und Institutionen. Gleichzeitig versuchten aber vor allem europäische Politiker trotz Täuschung und Vertragsbruch, mit Russland ein Abkommen zur Beilegung des kriegerischen Konflikts auszuhandeln.

In einem ersten, in der belarussischen Hauptstadt Minsk am 5. September 2014 unterzeichneten Abkommen (Minsk I) wurde ein begrenzter Waffenstillstand vereinbart, der jedoch nicht eingehalten wurde. Daraufhin unternahmen europäische Spitzenpolitiker einen neuen Einigungsversuch. Ein weiteres Abkommen (Minsk II) wurde von dem damaligen französischen Präsidenten François Hollande, der damaligen Bundeskanzlerin

Angela Merkel, dem damaligen ukrainischen Präsidenten Petro Poroschenko und dem russischen Präsidenten Wladimir Putin ausgehandelt und am 12. Februar 2015 unterzeichnet.

Das Abkommen sah unter anderem vor, dass nach einem Waffenstillstand alle schweren Waffen und ausländischen Truppen abgezogen und die Regionen Donezk und Luhansk einen besonderen Status innerhalb der Ukraine bekommen sollten. Die Annexion der Krim wurde in dem Abkommen ignoriert. Doch der Waffenstillstand kam nicht zustande, die schweren Waffen und ausländischen Truppen wurden nicht oder nur teilweise abgezogen, und die Änderung der Verfassung der Ukraine zur Gewährung des Sonderstatus, dem Wahlen folgen sollten, kam nur schleppend voran. Das Abkommen war auf dem Weg zu scheitern.

Zu seiner Rettung brachte der damalige Außenminister Frank-Walter Steinmeier einen Vorschlag ein, der als »Steinmeier-Formel« bekannt wurde. Die beiden Separatistengebiete sollten für den Tag der Kommunalwahl einen Sonderstatus erhalten, und erst danach sollte eine dauerhafte Lösung erreicht werden. Der frisch gewählte ukrainische Präsident Wolodymyr Selenskyj stimmte der Idee unter der Voraussetzung zu, dass die russischen und pro-russischen Truppen vorher abgezogen würden. Doch es wurde befürchtet, dass die Separatisten durch diese Lösung legitimiert würden. Die ukrainische Presse interpretierte die Steinmeier-Formel als Sieg für Putin, und es kam zu Demonstrationen in Kiew.

Thomas Schmid, ehemaliger Herausgeber der Tageszeitung *Die Welt*, befand, Steinmeier habe die Ukraine als Staat nie ernst genommen und Putin in die Hände gespielt. »In seiner Zeit als Außenminister hat er stets auf eine enge, vertrauensvolle Zusammenarbeit mit Putin gesetzt und dabei über viele Widrigkeiten verständnisvoll hinweggesehen. Einwänden aus seinem Amt,

Putin sei – etwa nach der brutalen Zerstörung Grosnys – nicht mehr vertrauenswürdig, hat er keine Beachtung geschenkt.«[145]

Rückblickend erscheint es sehr naiv, zu glauben, man könne Rechtsbrüche durch Verträge wieder rechtlich richtigstellen. Rückblickend weiß man natürlich immer alles besser. Aber es gab schon früh Warnzeichen und warnende Stimmen vor Putins Absichten. So sagte Andrij Melnyk, Botschafter der Ukraine in Deutschland, am 13. Februar 2015 dem Deutschlandfunk: »Zu oft mussten wir erleben, dass alle Abkommen, die von Russland bis jetzt unterschrieben wurden, im Endeffekt nur ein Fetzen Papier geblieben sind.« Und die Frage, ob Russland sein Ziel der Abspaltung der Ostukraine aufgeben würde, beantwortete er mit: »Nein. Wir sind realistisch.«[146] Eine Regierung, die sich nicht vom Zeitgeist treiben lässt und nicht ideologisch imprägniert ist, hätte die Zeichen sehen und die Stimmen hören können. Aber die Regierenden zogen es vor, Augen und Ohren zu verschließen, und bauten die Geschäftsverbindungen mit Russland bis zum Beginn des Ukraine-Kriegs weiter aus.

Angela Merkel kannte Putin bestens. Sie sprach seine, er ihre Sprache. Allein im Jahr 2014 telefonierte sie mit ihm Dutzende Male. Das Bundepresseamt gab zu siebenundzwanzig dieser Gespräche öffentliche Erklärungen ab. Viermal trafen sich beide allein in diesem Jahr persönlich.[147] Sie war wohl kaum so naiv, sich von ihm täuschen zu lassen. Am 7. Juni 2022 erinnerte sie im ersten Interview nach ihrem Ausscheiden aus dem Amt daran, dass sie vor Putin gewarnt hätte: »Ihr wisst, dass er Europa zerstören will.« Dennoch zog sie daraus keine Konsequenzen. Diplomatie sei, wenn sie misslinge, nicht falsch, brachte sie als Entschuldigung für ihre Untätigkeit vor. Und sie fügte hinzu: »Also ich sehe nicht, dass ich da jetzt sagen müsste: Das war falsch, und werde mich deshalb auch nicht entschuldigen.«[148]

Beste
Geschäftspartner

Nachdem sie reich geworden waren, hatten die Oligarchen der Ära Jelzin begonnen, zum persönlichen Konsum und zur Diversifizierung ihres Vermögens Investitionen im westlichen Ausland zu tätigen. Die Silowiki traten auch dabei in ihre Fußstapfen. Doch spielte neben der Absicht, ihren Konsum zu steigern, auch das Motiv eine Rolle, mit dem ins westliche Ausland transferierten Geld politische Ziele zu erreichen. Konkret ging es darum, in altbewährter KGB-Manier mit Bestechung und Korruption das westliche politische und wirtschaftliche System zu unterwandern und zu schwächen.

Schon in ihren Petersburger Zeiten hatten Putin und seine KGB-Kollegen schwarze Kassen (Obschaks) für persönliche und politische Zwecke angelegt.[149] Putin soll zum Beispiel von der Verbindung mit dem Ölhändler Gennadi Timtschenko profitiert haben. Als Putin mit seinen Silowiki in den Kreml einzog, führte er die Petersburger Verbindungen weiter und legte dort weitere Obschaks für persönliche Zwecke und politische Absichten an.[150] Gefüllt wurden diese Kassen durch Schmiergeldzahlungen an Mitglieder des Staatsapparats. Für die Anlage der Gelder spielte die Petersburger Bank Rossija, in deren Aufsichtsrat unter anderen ja Matthias Warnig saß – Putins Vertrauter aus Dresdner Zeiten –, eine besondere Rolle.

Rossija kaufte im Jahr 2004 von Gazprom das Versicherungsunternehmen Sogaz. Im August 2006 erwarb dann Sogaz die Aktienmehrheit der Verwaltungsgesellschaft Lider, die den Pensionsfonds Gazfond managte. Dadurch erlangte die Bank Rossija die Kontrolle über Gazfond. Durch Gazfond wiederum bekam sie die Gazprombank, deren Hauptaktionär Gazfond war.

Eine Tochtergesellschaft der Gazprombank ist die Gazprom-Media Holding, die im Juli 2005 für 166 Millionen US-Dollar von Gazprom an die Gazprombank verkauft worden war. Zu dieser gehörten damals unter anderem die regierungsnahe Zeitung *Iswestija*, die Fernsehsender NTW und TNT sowie der Radiosender Echo Moskwy. Seit 2001 wird Gazprom von Alexei Miller geleitet, einem weiteren Vertrauten aus Putins Petersburger Zeiten.

Über Rossija und Gazprom haben Putin und seine Seilschaft direkten Zugriff auf erhebliche Finanzmittel ohne jede parlamentarische Kontrolle, die sie für politische und persönliche Zwecke im In- und Ausland einsetzen können. Dazu gehörte zum Beispiel der Bau eines Palasts für Putin am Schwarzen Meer mit 4000 Quadratmetern Wohnfläche, drei Hubschrauberlandeplätzen, einem Amphitheater, einem Jachthafen und einem Teehaus mit Schwimmbädern zum Preis von einer Milliarde US-Dollar. Eine der politischen Unternehmungen war der Versuch, kurz nach der Orangenen Revolution – jene wochenlangen Proteste auf dem Maidan-Platz in Kiew im Herbst 2004 nach den Präsidentschaftswahlen – die ukrainische Regierung mit Schmiergeldern zu korrumpieren und zu kompromittieren, um für die Zeit danach wieder einen pro-russischen Präsidenten an die Macht bringen zu können.[151]

London war schon für die Oligarchen der Ära Jelzin ein beliebter Platz, um ihr Vermögen in Sicherheit und ihre Firmen an den Markt zu bringen. Im Vergleich zu New York waren die Berichtspflichten bei Neuemissionen von Aktien in London und die Offenlegungsvorschriften bei der Gründung von Firmen weit weniger streng. Immobilien konnten ohne genauere Prüfung des Erwerbers mühelos gekauft werden. »Wenn jemand mit einer Fotokopie seines Passes kam, war das genug«, berichtete ein Londoner Makler.[152] Die Oligarchen erwarben die teuersten und besten Immobilien.

Nach westlichen Begriffen unrechtmäßig erworbenes Schwarzgeld wurde so in der »Londoner Waschmaschine« gewaschen. London wurde zu *Londongrad*. Mit dem Aufstieg der Silowiki floss dann auch verstärkt Geld in die britische Hauptstadt, um den Westen zu korrumpieren und zu unterminieren. Westliche Banker, Londoner Anwälte und Politiker profitierten von dem Geldsegen und wurden aber auch davon abhängig. Nach gutem alten KGB-Brauch sammelten die Silowiki belastendes Material (*Kompromat*) über ihre Geschäftspartner, um diese Abhängigkeiten zu festigen.

In einem Bericht des Geheimdienst- und Sicherheitsausschusses des britischen Parlaments aus dem Jahr 2020 wurde festgestellt, dass eine Reihe britischer Politiker Geschäftsinteressen mit Russland verbindet oder sie direkt für große Unternehmen mit Verbindungen zum russischen Staat arbeiten.[153] Der frühere Tory-Minister Lord Gregory Barker zum Beispiel war bei der Gründung von dem russischen Energie- und Rohstoffkonzern EN+ durch den 2022 mit Sanktionen belegten Oligarchen Oleg Deripaska im Vorstand des Unternehmens. Der Bericht weist auch auf eine Reihe von Beratern hin, darunter Banker, Anwälte und Immobilienmakler, die den Oligarchen und russischen Firmen ihre Dienste zur Verfügung stellten.

Dem Bericht zufolge wurde das russische Geld dazu verwendet, »das Mäzenatentum auszuweiten und den Einfluss in einem weiten Bereich des britischen Establishments auszubauen – Public-Relations-Firmen, Wohltätigkeitsorganisationen, politische Interessen, akademische und kulturelle Einrichtungen waren allesamt willige Nutznießer des russischen Geldes«. Der Bericht stellte weiterhin fest, dass bestimmte Mitglieder der russischen Elite, die eng mit Putin verbunden sind, an politische Parteien im Vereinigten Königreich gespendet haben und »ein öffentliches

Profil haben, das sie in die Lage versetzt, russische Einflussnahme zu unterstützen«.[154]

Durch Käufe von Immobilien und des Fußballclubs Chelsea durch Roman Abramowitsch wurde das Londoner Nobelviertel Chelsea zum Symbol für das in die Hauptstadt fließende russische Geld. Seit 2005 ließen sich fast vierzig russische Unternehmen in London nieder, darunter auch die staatlich kontrollierten Unternehmen Gazprom und Rosneft. Laut Daten des New

Als Bürgermeister von London und späterer Anführer der Brexit-Kampagne hatte der noch spätere Premierminister Boris Johnson öfter Kontakte zu russischen Emigranten mit zweifelhaftem Hintergrund.

Yorker Finanzdienstleisters Dealogic wurden seit 2010 in London fast neunzig Kapitalmarkttransaktionen mit Beteiligung russischer Firmen durchgeführt, bei denen 34 Milliarden US-Dollar investiert wurden. Auch die russische Regierung hat London für die Emission von Auslandsanleihen genutzt.

Als Bürgermeister von London und späterer Anführer der Brexit-Kampagne hatte der noch spätere Premierminister Boris Johnson öfter Kontakte zu russischen Emigranten mit zweifelhaftem Hintergrund.[155] Die im Unterhaus in der Opposition stehende Labour-Partei schätzte, dass mit Johnsons Amtsantritt als Premierminister 1,9 Millionen Pfund von Spendern, die entweder »Geld aus Russland bezogen oder angebliche Verbindungen zum Putin-Regime haben«, an die konservative Partei oder an die Wahlkreisverbände einzelner Tory-Abgeordneter flossen. Die Oppositionspartei forderte, dass das Geld zurückgegeben werden müsse.[156]

In den USA hatten KGB-Agenten schon früh Beziehungen zu dem Immobilien-Mogul Donald Trump aufgebaut, als sie nach Möglichkeiten suchten, Geld aus Russland für künftige Zwecke in Sicherheit zu bringen.

Transparency International, eine international tätige Anti-korruptionsorganisation, hat Immobilien im Wert von 1,5 Milliarden Pfund in Groß-britannien identifiziert, die von Russen gekauft wurden, denen Verbindungen zum Kreml oder Bestechung vorgeworfen werden. Mehr als eine Milliar-de Pfund dieser Vermögens-werte werden von Unter-nehmen gehalten, die ihren Sitz in Steueroasen haben, die meisten davon in britischen Kronkolonien und Übersee-gebieten. Dadurch wird die Identifizierung der Eigentümer sehr schwierig.

In den USA hatten KGB-Agenten schon früh Beziehungen zu dem Immobilien-Mogul Donald Trump aufgebaut, als sie nach Möglichkeiten suchten, Geld aus Russland für künftige Zwecke in Sicherheit zu bringen.[157] Ebenso gehörte Rudy Giuliani, der Bürger-meister von New York und spätere persönliche Anwalt Trumps, zu ihrem Netzwerk. Der KGB-Zirkel kaufte hochwertige Immobilien und ließ diese von Trump als *Trump Towers* betreiben. Trump Towers entstanden auch außerhalb der USA, zum Beispiel in der Türkei, Uruguay, Dubai, Indien und auf den Philippinen. Ein in Moskau geplantes besonderes Glanzstück wurde allerdings nicht verwirklicht.

Die Silowiki unterstützten den Präsidentenwahlkampf Trumps und waren begeistert, als er gewann. Eine Untersuchung des ehemaligen FBI-Direktors Robert Mueller im Auftrag des

US-Generalstaatsanwalts befand, dass die russische Einmischung in die Präsidentschaftswahlen 2016 illegal war, »in umfassender und systematischer Weise« stattfand und von der Trump-Kampagne begrüßt wurde, da sie sich davon Vorteile versprach. Wie bei der Unterstützung des von Boris Johnson betriebenen Brexits versprachen sich Putin und seine Gefolgsleute von Trump eine Zerfaserung und Schwächung des Westens.

In der Europäischen Union bot insbesondere die von Deutschland vorangetriebene Energiepolitik eine Gelegenheit, bei der Energieversorgung Abhängigkeiten von Russland zu schaffen. Unter dem Motto »Wandel durch Annäherung« begann in Deutschland ab 1969 unter Kanzler Willy Brandt eine neue Ostpolitik. Der bis dahin geführte Kalte Krieg sollte überwunden, über den Außenhandel Verbindungen zum »Ostblock« geschaffen und dieser schließlich für eine liberalere Politik gewonnen werden. Im Jahr 1970 wurde mit der Sowjetunion ein Geschäft abgeschlossen, bei dem deutsche Banken Kredite geben, Unternehmen Röhren zum Bau einer Gasleitung nach Deutschland exportieren und die sowjetische Seite dagegen Erdgas liefern sollte. Damit war der Grundstein für eine Partnerschaft gelegt, die Deutschland in die Abhängigkeit von russischen Energielieferungen führen sollte.

Die Ostpolitik Willy Brandts hat die deutsche Außenpolitik bis heute geprägt. Auch nach dem Fall der Sowjetunion sahen insbesondere Politiker der SPD – aber auch anderer Parteien – Russland als Partner und nicht als Gegner. In seiner Amtszeit als Bundeskanzler entwickelte Gerhard Schröder eine enge Freundschaft zu Putin. Und nach seiner Abwahl trat er ohne Zeitverzug der Seilschaft Putins bei. Schröder arbeitete mit dem ehemaligen Stasi-Offizier Matthias Warnig zusammen, um die Gasleitungen von Russland nach Deutschland auszubauen.

Außer der in den Jahren 1970 bis 1973 gebauten Gasleitung Transgas, die durch die Ukraine führt, und der im Jahr 1999 in

Betrieb gegangenen Jamal-Pipeline, die auch Belarus streift, bezieht Deutschland russisches Gas ebenso aus der unter der Ostsee direkt von Russland kommenden Nord-Stream-Leitung. Für diese, die 2011 in Betrieb ging, hatte Gerhard Schröder schon gegen Ende seiner Kanzlerschaft intensive und erfolgreiche Lobbyarbeit geleistet. Zur Ausweitung der Kapazität und als Alternative zur Jamal-Leitung wurde 2013 mit der Planung einer Parallelleitung, Nord Stream 2, begonnen. Trotz vieler Widerstände wurde die Pipeline genehmigt und im Jahr 2018 mit dem Bau begonnen. Am 10. September 2021 wurde die Fertigstellung von Nord Stream 2 bekannt gegeben.

Gerhard Schröder war eng mit russischen Energieunternehmen verbunden, die von Silowiki geführt werden.[158] Noch 2005 übernahm er einen Posten im Aufsichtsrat der Nord Stream AG – dem Betreiber der Pipeline Nord Steam 1 – und wurde schließlich Vorsitzender des Gesellschaftsausschusses der Nord Stream AG. Im Jahr 2017 wurde Schröder auch Chef im Aufsichtsrat des von Igor Setschin geführten russischen Energiekonzerns Rosneft. Schröder soll in dieser Position rund 600.000 Euro im Jahr verdient haben, sein Gehalt bei Nord Stream soll sich auf 250.000 Euro im Jahr belaufen haben. Außerdem wurde Schröder Präsident des Verwaltungsrats der in der Schweiz ansässigen Gazprom-Tochter Nord Stream 2. Schließlich wurde er für einen Posten im Aufsichtsrat der von Alexei Miller geführten Gazprom nominiert. Erst im Mai 2022 gab er seine Position bei Rosneft auf und lehnte den Posten bei Gazprom ab. Schröders Vermögen wird auf 20 Millionen Euro geschätzt.[159]

Auch nach Putins Überfall auf die Ukraine stand Gerhard Schröder fest zu ihm. Noch als Bundeskanzler nannte er ihn 2004 einen »lupenreinen Demokraten«, und er war sich sicher, dass Putin Russland »zu einer ordentlichen Demokratie machen will und machen wird«.[160] Mithilfe Putins adoptierten er und seine damalige Frau Doris 2004 und 2006 jeweils ein Kind aus Sankt Petersburg. Nachdem klar war, dass Putin weder ein lupenreiner Demokrat ist noch Russland zu einer ordentlichen Demokratie machen will, gab Schröders auch von seinen früheren Parteifreunden heftig kritisierte Nibelungentreue zu Putin Rätsel auf. Warum war ihm Putin näher als seine anderen Freunde? Auf die Geldbezüge von russischen Unternehmen war er angesichts

Laut einem Bericht seines Staatssekretärs Rainer Baake aus dem Jahr 2017 bekam Gabriel in seiner Amtszeit als Wirtschafts- und Außenminister neunzehnmal Besuch von Managern von Nord Stream.

seiner Staatsrente und seines Vermögens wohl nicht angewiesen. Das nährte den Verdacht, dass die Silowiki belastendes Material, das zu ihrem Instrumentenkasten gehörende Kompromat, gegen ihn in der Hand hatten.

Bis zum Ukraine-Krieg konnte Gerhard Schröder hinsichtlich seiner Arbeit für Putin auf viele Parteifreunde zählen. Zum einen fand er Unterstützung in seiner Lobbyarbeit bei ostdeutschen Landespolitikern. Dazu zählten Matthias Platzeck, Vorsitzender des Deutsch-Russischen Forums und für kurze Zeit auch der SPD. Platzeck verlangte unter anderem noch im Jahr 2014, dass die »Annexion der Krim nachträglich völkerrechtlich geklärt werden (muss), sodass sie für alle hinnehmbar ist«. Und er fand, dass »es momentan kaum vorstellbar (ist), dass Donezk und Luhansk nach allem, was passiert ist, einfach wieder in den ukrainischen Staatsverband zurückkehren«.[161] Dazu zählte auch die Ministerpräsidentin von Mecklenburg-Vorpommern, Manuela Schwesig. Zusammen mit ihrem Vorgänger, Erwin Sellering, errichtete sie eine großzügig von der Nord-Stream-2-Gesellschaft finanzierte »Umweltstiftung« zur Umgehung der vom US-Kongress gegen das Projekt verhängten Sanktionen.[162]

Zum anderen unterstützten Schröder seine früheren Mitstreiter in der Bundespolitik. Als Wirtschaftsminister und Außenminister setzte sich Sigmar Gabriel für Nord Stream 2 ein. Laut einem Bericht seines Staatssekretärs Rainer Baake aus dem Jahr 2017 bekam Gabriel in seiner Amtszeit als Wirtschafts- und Außenminister neunzehnmal Besuch von Managern von Nord Stream, darunter zehnmal von Matthias Warnig und sechsmal von Alexei Miller.[163] Gabriels Nachfolgerin im Wirtschaftsministerium, Brigitte Zypries, empfing Nord-Stream-Manager zweimal, darunter einmal Alexei Miller. Und Gabriels Vorgänger im Außenministerium, Frank-Walter Steinmeier, traf sich ebenfalls zweimal mit diesen Managern, darunter einmal mit Miller.

In zwei Jahren, von 2015 bis 2017, besuchten die Nord-Stream-Manager im Durchschnitt jeden Monat einen Bundesminister und darüber hinaus viele Male Staatssekretäre und Botschafter im Wirtschafts- und Außenministerium sowie in Vertretungen und Botschaften in Brüssel, Moskau und Kopenhagen. Erklärt wurden diese intensiven Kontakte von Baake damit, dass »Nord Stream 1 und Nord Stream 2 als zwei kommerzielle Projekte ... mittelfristig zur Verbesserung der deutschen und europäischen Energieversorgungssicherheit beitragen (können), denn die Erweiterung der bestehenden Pipelineinfrastruktur erschließt neue russische Lagerstätten für die europäischen Gasverbraucher«. Einen Rückschritt für die »Energieversorgungssicherheit« konnte das »Ministerium für Wirtschaft und Energie« unter Gabriel durch den Verkauf der deutschen Erdgasspeicher an Gazprom nach der russischen Besetzung der Krim und der Verhängung von Sanktionen 2014 dagegen nicht erkennen.[164]

Da andere »kommerzielle Projekte« kaum eine entsprechende Beachtung von höchster Stelle erfahren haben dürften, kann man vermuten, dass für die bevorzugte Behandlung von Nord Stream Gerhard Schröders SPD-Netzwerk eine wesentliche Rolle gespielt hat. Dies geschah alles unter der Ägide von Bundeskanzlerin Merkel, die laut Grundgesetz die Richtlinien der Politik bestimmt. Vermutlich hat sie vor dem Hintergrund des von ihr nach dem Unfall im japanischen Kernkraftwerk Fukushima im Jahr 2011 eingeleiteten Ausstiegs aus der Atomenergie das SPD-Netzwerk gewähren lassen.

Denn wenn Deutschland gleichzeitig aus der Erzeugung von Energie mit Atomkraft und Kohle aussteigen sollte, musste Gas die Lücke füllen, welche bei der Produktion mit der weniger zuverlässigen Wind- und Solarkraft unweigerlich entstehen würde. Diese Lücke sollte weitgehend mit russischem Erdgas gefüllt werden. Sie habe sich sehr darüber geärgert, dass die USA unter Präsident Joe Biden Sanktionen gegen Unternehmen verhängt hätten, die bei Nord Stream 2 aktiv gewesen seien, sagte Merkel in ihrem Gespräch mit dem *Spiegel*-Journalisten Alexander Osang auf der Bühne des Berliner Ensembles am 7. Juni 2022 – und bestätigte damit, welche Bedeutung dieses Projekt für sie hatte.[165]

A m 11. Juni 1987 protestierten 50 000 Menschen gegen die Anwesenheit des US-amerikanischen Präsidenten Ronald Reagan in West-Berlin. Damit der Besuch stattfinden konnte, kam es zum größten Polizeieinsatz in der Geschichte der Stadt nach dem Zweiten Weltkrieg. Weite Teile Berlins wurden abgesperrt, um weitere Anti-Reagan-Proteste zu verhindern. Im Bezirk Kreuzberg wurde die Bewegungsfreiheit faktisch vollständig eingeschränkt.

Am 12. Juni 1987 hielt Reagan eine Rede vor dem Brandenburger Tor. Hinter ihm war die Mauer zu sehen, die nicht nur den Westen Berlins vom Osten trennte, sondern die Welt teilte. Neben ihm saß der deutsche Bundeskanzler Helmut Kohl. In gemessenem Ton lud Reagan den sowjetischen Staatschef Michail Gorbatschow ein, zum Brandenburger Tor zu kommen und es zu öffnen. Und dann rief er: »*Mr Gorbachev, tear down this wall!*«[166] Über die Demonstranten sagte Reagan am Ende seiner Rede: »Ich frage mich, ob sie sich jemals gefragt haben, dass, wenn sie die Art von Regierung haben sollten, die sie offensichtlich anstreben, niemand mehr in der Lage wäre, das zu tun, was sie tun.«[167] Zwei Jahre später fiel die Mauer und die beiden Teile Deutschlands konnten sich wiedervereinigen. Es schien, als ob die Geschichte an ein glückliches Ende gekommen wäre.

Doch sie ging weiter. Bekanntlich wiederholt sich die Geschichte nicht, aber manchmal folgt sie einem Reim. Mit der von Olaf Scholz ausgerufenen Zeitenwende zeichnet sich heute eine Zukunft ab, die mehr Ähnlichkeit mit der früheren Zeit des Kalten Krieges als der gerade zu Ende gegangenen Zeit des unechten Friedens haben dürfte. Diese Zukunft wird vom Kampf der Gesellschaftssysteme, dem Rückbau der Globalisierung und der Wiederkehr der Inflation bestimmt sein.

Kampf der Gesellschaftssysteme

Die Hoffnung, mit Handel die autokratischen Regime Russlands und Chinas in das westliche System des demokratischen Rechtsstaats verwandeln zu können, hat sich als trügerisch erwiesen. Statt zu Rechtsstaaten haben sich diese Regime zu Diktaturen entwickelt. Auch die Erwartung eines kapitalistischen Friedens hat sich nicht erfüllt. Russland ist im heißen, China im neuen Kalten Krieg mit dem Westen. China führt ihn an, während Putin Russland in die Rolle des China subalternen Schurkenstaats manövriert hat. Zur Einhegung (dem *Containment*) dieser Regime bedarf es wieder der militärischen Abschreckung.

Die USA sind dazu in der Lage, Europa nicht. Doch reichen die Kräfte der USA nicht aus, um gleichzeitig China in Schach zu halten und Europa vor dem russischen Schurkenstaat zu beschützen. Allenfalls können die USA Europa Hilfe zum Selbstschutz geben, wie sie es großzügiger als die europäischen Länder für die Ukraine getan haben.

Als wirtschaftlich größtes Land des europäischen Kontinents muss Deutschland den größten Beitrag zum Selbstschutz leisten. Doch das Land hat einen enormen Bedarf an Nachrüstung. Die Rückzahlung der Friedensdividende steht an. Das von der deutschen Regierung angekündigte »Sondervermögen« für die Bundeswehr kann nur der erste Schritt sein.

Rückbau der Globalisierung

Die Globalisierung bestand nicht nur aus Freihandel, sondern auch aus der internationalen Diversifizierung der Produktionsstätten und der damit verbundenen Vernetzung der Kapital- und Finanzmärkte. Moderne Logistik und Informations- und Kommunikationstechniken machten die Vertiefung der Globalisierung möglich. Aber schon die Coronapandemie hat die Fragilität geografisch weit gedehnter Lieferketten ohne Sicherheitsreserven aufgedeckt. Mit dem Kampf der Systeme wird das Modell semipermeabler Blöcke das der globalen Wirtschaftszone ablösen. Der Vorlage aus der Zeit des Kalten Krieges folgend dürften diese Blöcke aus dem Westen, der chinesisch-russischen Einflusssphäre und den sich als »blockfrei« verstehenden Ländern bestehen, die nach Opportunität dem einen oder anderen Block zuneigen.

Zwischen den Blöcken durchlässig bleibt der Handel mit einfachen Gütern. Teilweise durchlässig wird der mit technologisch anspruchsvolleren Waren und der Kapitalverkehr. Und zwischen den Blöcken undurchlässig wird der Austausch sicherheitsrelevanter Güter, Dienstleistungen und Informationen. Spionage und deren Abwehr wird erneut aufblühen, und die Verfolgung gemeinsamer globaler Ziele, wie die Begrenzung der Erderwärmung, wird sehr schwierig. Folglich wird Klimapolitik weniger auf die global nicht mehr organisierbare Verfolgung gemeinsamer Klimaziele als auf die innerhalb der Blöcke mögliche Anpassung an den unausweichlichen Klimawandel ausgerichtet werden müssen.[168]

Wiederkehr der Inflation

Technischer Fortschritt, das Wachstum der globalen Erwerbsbevölkerung und internationale Integration von Wirtschaft und Finanzen schufen ein günstiges Umfeld für die Stabilität der Konsumentenpreise. Die fahrlässig expansive Geldpolitik heizte die Inflation der Vermögenspreise an und schuf Anreize zur Verschuldung. In der Zeit der Coronapandemie entstand durch die Unterwerfung der Geldpolitik unter die Finanzierungsbedürfnisse der Staaten schließlich ein Inflationspotenzial in Form eines gewaltigen Geldüberhangs. Schon mit den Lockerungen der Pandemiebeschränkungen heizte der Geldüberhang die Inflation an. Die zusätzlichen Angebotsbeschränkungen infolge des Ukraine-Kriegs ließen sie auf historische Hochstände ausbrechen.

Preisinflation hemmt nicht nur die Wirtschaft, indem sie über die Verzerrung von Preissignalen die Effizienz verringert, sondern führt auch zu Spannungen in der Gesellschaft. Schuldner gewinnen, Gläubiger und Bezieher von nominal rigiden Einkommen verlieren. Neid und Unzufriedenheit bereiten den Nährboden für populistische Politiker, die einfache, aber unwirksame Lösungen versprechen.[169] Die entschlossene Bekämpfung der Inflation wäre bitter nötig, aber der Manövrierraum der Zentralbanken ist aufgrund der hohen Verschuldung der Wirtschaft und Staaten sehr begrenzt. Folglich kriechen oder hinken sie mit Zinserhöhungen der Inflation hinterher, ohne sie schnell brechen zu können.

Die Abkehr von der Politik der lange währenden extremen Niedrigzinsen bringt auch eine Zeitenwende auf den Finanzmärkten. Selbst wenn die Zinsen der Inflation hinterherhinken, fallen die Anleihen in einen Bärenmarkt fallender Preise, der so lange währt, bis wieder die Zinswende nach unten kommt (und die Preise wieder steigen). Das kann lange dauern, weil über die Inflation zunächst die reale Schuldenlast abgetragen werden muss, bis die effektive Inflationsbekämpfung über deutlich höhere Zinsen möglich wird. Solange die Zentralbanken die Zinsen unter der Inflation belassen, ist eine speziell von ihnen verursachte Rezession zur Brechung der Inflation weniger wahrscheinlich – was aber nicht heißen soll, dass die Wirtschaft nicht aus anderen Gründen in die Rezession fällt. In jedem Fall führt die Unsicherheit über die weitere Entwicklung zu erhöhten Preisschwankungen auf den Aktienmärkten.

Schlussendlich werden für die Rückkehr zu Preisstabilität eine Politik zur Ausweitung des Angebots, eine Dämpfung der Nachfrage und eine Geldreform nötig sein. Angebotspolitik beinhaltet die Erschließung neuer Energiequellen – sowohl im erneuerbaren als auch im fossilen Bereich –, die Erhöhung der Leistungsanreize durch eine Steuerreform, eine Flexibilisierung durch Bürokratieabbau sowie eine Straffung der staatlichen Regulierungen der Wirtschaft. Nachfragedämpfung ergibt sich durch den Abbau der staatlichen Verschuldung. Um die Geldordnung nachhaltig zu gestalten, müsste das Fiat-Kreditgeldsystem auf ein »Aktivgeldsystem« umgestellt werden, in dem Geld nicht durch Kreditvergabe geschaffen, der Zins somit nicht als Instrument zur Geldschaffung dient und der Nutzen des Geldes für den Bürger durch Währungswettbewerb maximiert wird. Wie das geschehen könnte, habe ich in einem anderen Buch ausführlich erklärt.[170]

Renaissance des Westens

Der Westen kann den Kampf der Systeme gewinnen, wenn sich die USA und Europa auf der Grundlage ihrer gemeinsamen Werte verbünden. Da Europa politisch divers ist und bleiben wird, kommt dabei den USA wie zu Zeiten des Kalten Krieges die Führungsrolle zu. Der liberale Westen entstand im Zusammenwirken von bürgerlichen Eigentümern und Religionsphilosophen in den postfeudalen Gesellschaften Großbritanniens und der USA im 17. und 18. Jahrhundert.[171] Bis zum Ende des 20. Jahrhunderts wurde er von meritokratisch gebildeten Eliten bestimmt. Zu Anfang des 21. Jahrhunderts begannen jedoch das Ansehen und der Einfluss dieser Eliten zu verblassen.

Die Finanzkrise von 2007/2008 wurde der Gier und Rücksichtslosigkeit der Eliten gegenüber der breiten Gesellschaft angelastet. Gleichzeitig erhoben früher diskriminierte gesellschaftliche Minderheiten nicht nur den berechtigten Anspruch auf Gleichbehandlung, sondern strebten Bevorzugungen als Ausgleich für frühere Benachteiligungen an. Der daraus folgende Aufstieg der Identitätspolitik stärkte den Eindruck, dass der Westen zerfasern und die aus seinen liberalen Werten gewonnene Stärke verlieren werde.

Autokraten und Diktatoren sahen ihre Zeit gekommen. In China und Russland wollten Xi Jinping und Wladimir Putin den vermeintlichen Abstieg des Westens nutzen, um ihre Länder mächtiger zu machen. Beide erklärten einander bei der Eröffnung der Olympischen Winterspiele in Peking am 4. Februar 2022 unverbrüchliche Freundschaft. Als Russland zwanzig Tage später die Ukraine überfiel, schien Putin geglaubt zu haben, mit einem schnellen Sieg den Westen brüskieren und Xi beeindrucken zu können. Doch er hatte sich verkalkuliert. Die Ukraine leistete erbitterten Widerstand, und der Westen rückte zusammen. Die Zeit des unechten Friedens nach dem Kollaps des Sowjetimperiums war zu Ende. Der Kampf der Systeme mit der militärischen Großmacht Russland und der wirtschaftliche Supermacht China auf der einen Seite und dem Westen auf der anderen hatte begonnen.

In diesem Krieg kann der Westen nur bestehen, wenn er sich auf seine gemeinsamen Werte besinnt, die ihn groß gemacht haben. Die Grundlage dafür ist die Freiheit des Einzelnen, seine individuellen Ziele innerhalb eines Regelwerks verfolgen zu können, das durch den demokratisch verfassten Rechtsstaat bestimmt wird. In diesem Regelwerk hat der Markt als bestes Mittel zur Koordination der wirtschaftlichen Handlungen Einzelner Vorrang. Am Markt ist die Entscheidungsfreiheit fest mit Verantwortung und nötigenfalls Haftung für die Folgen verbunden.

Der Staat beschränkt sich auf die Bereitstellung von öffentlichen Gütern, deren Angebot aufgrund der fehlenden Rivalität im Konsum nicht anders als politisch bestimmt werden kann. Er gewährt Hilfe für diejenigen, die nicht in der Lage sind, durch Teilnahme am Markttausch ihren Lebensunterhalt zu sichern, und hält sich ansonsten zurück. Denn nur ein schlanker Staat ist ein effizienter Staat. Er verzichtet auf den Einsatz von Geld als Mittel zur Erreichung politischer Ziele, denn wertstabiles Geld ist essenziell für die Funktionsfähigkeit des Marktes und die Stabilität der Gesellschaft.

Die Chance der Diktatoren

Wie andere sind die chinesisch-russischen Diktaturen dem Westen strukturell unterlegen, weil sie zentral gelenkt sind und Rückmeldungen zur Fehlerkorrektur von der Basis an die Spitze nur sehr begrenzt möglich sind. Folglich besteht die Chance der Diktaturen darin, dass der Westen seinen Werten untreu wird. Dafür bieten drei Schwächen Angriffspunkte: erstens die Zersplitterung durch Identitätspolitik, zweitens der Verlust der westlichen Werte durch Zuwanderung und drittens die Verknöcherung durch die Risikoaversion einer hedonistischen und bedingungslos pazifistischen Gesellschaft.

Identitätspolitik entstand aus dem berechtigten Anliegen früher benachteiligter Minderheiten nach einer Gleichberechtigung. Zur Durchsetzung dieses Anliegens war es notwendig, dass sich die Minderheiten organisierten. Aus der Theorie des kollektiven Handels des US-amerikanischen Ökonomen Mancur Olson wissen wir, dass sich gut organsierte Interessengruppen in einer liberalen Gesellschaft durchsetzen können, weil diese Gesellschaftsform für die Verfolgung der sehr unterschiedlichen Interessen ihrer einzelnen Mitglieder organisiert ist. Es gibt dort keinen »allgemeinen Willen« (*volonte générale*), sondern nur eine Ordnung, die dafür sorgt, dass die Freiheit des einen nicht die Freiheit des anderen beeinträchtigt.

Bilden einzelne Mitglieder dieser Gesellschaft jedoch eine Gruppe, um ein Gruppeninteresse durchzusetzen, können sie Macht über die anderen gewinnen, wenn diese die Ordnung der liberalen Gesellschaft nicht aktiv verteidigen. Die Bereitschaft zur Verteidigung kann durch Unkenntnis der Gesellschaftsmitglieder über die Funktionsweise der Gesellschaft oder mittels Einschüchterung durch die organisierte Gruppe geschwächt werden. Zur Einschüchterung bedienen sich organisierte Gruppen eines »politischen Moralismus«.[172] Das heißt: Durch die Überhöhung ihres Interesses als moralisches Gebot zwingen sie der Mehrheitsgesellschaft die Bevorzugung ihres Interesses auf.

Nach den Erfolgen von Bewegungen, die sich für die Frauenemanzipation und auch

Dadurch geriet die unsortierte Mehrheitsgesellschaft in die Defensive, und die Gruppeninteressen unterminierten die Funktionsfähigkeit der liberalen Gesellschaft.

gegen die Benachteiligung ethnischer Minderheiten eingesetzt haben, haben sich immer mehr Menschen mit gemeinsamen Merkmalen – sei es die ethnische Herkunft oder die sexuelle Orientierung – zusammengefunden und in Gruppen organisiert. Dadurch geriet die unsortierte Mehrheitsgesellschaft in die Defensive, und die Gruppeninteressen unterminierten die Funktionsfähigkeit der liberalen Gesellschaft. Für Autokraten und Diktatoren, die ihren Gesellschaften einen von ihnen festgelegten gesellschaftlichen Willen aufzwingen, entsteht aus dem Kampf der Interessengruppen gegen die liberale Gesellschaftsordnung die Chance, ihr Gesellschaftsmodell mit der Begründung zu legitimieren, dass es dem liberalen Modell überlegen sei.

Die Zuwanderung von Menschen mit einem an der archaischen Stammesordnung orientierten Gesellschaftsverständnis bietet den Feinden des Westens eine weitere Chance. Halten die Zuwanderer an ihrer Vorstellung einer hierarchisch organisierten Gesellschaft fest und lehnen die Selbstbestimmung des Menschen ab, verblassen die Werte des Westens mit zunehmender Zahl der Anhänger dieses archaischen Gesellschaftsmodells. Durch seine brutale Kriegsführung in Syrien hat Putin die Migration vieler Menschen mit einem hierarchischen Gesellschaftsverständnis aus dem Mittleren Osten nach Europa angeheizt. Vermutlich erhoffte er sich davon nicht nur eine Ausweitung des Einflusses Russlands auf den Mittleren Osten, sondern auch die Schwächung des Westens durch Zuwanderung.

Schließlich spielt die Risikoaversion hedonistischer und aus diesem Grund bedingungslos pazifistischer Gesellschaften in die Hände der Diktatoren. Im Mai 2015 stellte das Markt- und Meinungsforschungsinstitut Gallup den Bürgern in dreiundsechzig Ländern die Frage, ob sie bereit wären, für ihr Land zu kämpfen.[173] Mit 18 Prozent nahm Deutschland in der Rangfolge der Kampfwilligen den drittletzten Platz ein. Geringer war die Bereitschaft nur in den Niederlanden und in Japan. Unter den achtzehn in der Umfrage vertretenen EU-Ländern waren nur in Finnland (74 Prozent), Schweden (55 Prozent) und Griechenland (54 Prozent) mehr als die Hälfte der Bürger bereit, für ihr Land zu kämpfen.

In der Gruppe der zehn Länder, in denen höchstens ein Viertel der Bürger für ihr Land kämpfen wollten, gehörten acht der Europäischen Union an. Aber auch in den USA lag die Kampfbereitschaft mit 44 Prozent unter den Werten in Russland (59 Prozent) und China (71 Prozent). Allerdings übertraf die Kampfbereitschaft der Ukrainer mit 62 Prozent die der Russen. Es wäre zu wünschen, dass der seit Beginn des Krieges gezeigte Mut der Ukrainer die Bereitschaft zur Verteidigung der Freiheit in den westeuropäischen Ländern erhöht hat.

s gibt kein Ende der Geschichte, entgegen der triumphalen These Francis Fukuyamas nach dem Kollaps der Sowjetunion. Aber ein Ende der Menschheitsgeschichte ist angesichts des geballten Zerstörungspotenzials der großen und kleinen Atommächte der Welt vorstellbar. Mit dieser Vorstellung spielt der russische Diktator. Der beabsichtigte Blitzsieg über die Ukraine scheiterte schon im ersten Monat der »militärischen Spezialoperation«, wie Putin den Überfall nannte. Der Angriff auf Kiew blieb stecken, und die russische Armee zog sich gedemütigt aus der Region um die ukrainische Hauptstadt zurück. In der zweiten Phase verlegte sich die russische Armee auf die großflächige Bombardierung im Osten der Ukraine. Doch die Geländegewinne blieben mager. Im Spätsommer und Herbst konnte die ukrainische Armee den russischen Gegner sogar aus großen Teilen der vorher besetzten Regionen verdrängen. Wie die Leistungsfähigkeit der Wirtschaft ist die Schlagkraft der russischen Armee durch Korruption und Herrschaft kleptokratischer Seilschaften geschwächt.

Am 23. September läutete Putin mit einer »teilweisen Mobilisierung« von Reservisten die dritte Phase ein, in der die »Spezialoperation« zum Krieg wurde. Doch der Einzug der Reservisten verlief chaotisch, und viele Männer flohen ins Ausland oder versteckten sich im Inland. Nach dem Misserfolg auf dem Schlachtfeld und der verkorksten Mobilisierung sank die Zustimmung der Bevölkerung zu Putins Krieg. Aus Rache und zur erneuten Befeuerung der Kriegsbegeisterung ging Putin mit Raketenangriffen auf ukrainische Städte zum Terror gegen die Bevölkerung über und intensivierte den hybriden Krieg gegen NATO-Staaten.

Mit der Annexion der Regionen Luhansk, Donezk, Saporischschja und Cherson am 4. Oktober drohte Putin mit einer vierten Phase seines Kriegs. Da diese Gebiete nun russisches Territorium seien, so die Logik, käme die Befreiung durch die ukrainische

Armee einem Angriff auf russisches Staatsgebiet gleich, der entsprechend russischer Militärdoktrin mit dem Einsatz taktischer Nuklearwaffen abgewehrt werden könne. US-Präsident Joe Biden warnte daraufhin, dass aus einem begrenzten Atomkrieg schnell ein totaler Atomkrieg werden könne.

Putins Rechnung dürfte auch in dieser Phase nicht aufgehen, solange sich der Westen nicht von ihm einschüchtern lässt. Man muss ihn nur bei seinem eigenen Wort nehmen: »Man sollte solche Drohungen nie fürchten. Wissen Sie, es ist wie bei einem Hund. Ein Hund spürt, wenn jemand vor ihm Angst hat, und beißt zu. So verhält es sich hier auch.«[174]

Das Wort »Angst« ist als »German Angst« in den englischen Sprachschatz eingegangen. Wenn Deutschland nicht gebissen werden will, ob von Putins Russland oder den sich türmenden Bedrohungen in Wirtschaft und Finanzen, muss es diese Angst überwinden. Als Bundeskanzler Olaf Scholz am 27. Februar die »Zeitenwende« ausrief, ging ein Ruck durch Deutschland. Der Mut der Ukrainer, für ihre Freiheit zu kämpfen, war für manche eine Inspiration. Doch andere fanden ihn befremdlich.

Seit der deutschen Revolution von 1848/1849 hatten die Deutschen zwar viel gekämpft, aber nie wieder für die Freiheit. Und seit der Niederlage nach dem Zweiten Weltkrieg wollten sie nie wieder kämpfen, für gar nichts. Folglich meldeten sich die Bedenkenträger und die alte Garde der bedingungslosen Pazifisten schnell zu Wort. Anfang Mai schrieben achtundzwanzig Intellektuelle und »KünstlerInnen« einen offenen Brief an den Bundeskanzler, in dem sie »dringlich (baten), alles dazu beizutragen, dass es so schnell wie möglich zu einem Waffenstillstand kommen kann; zu einem Kompromiss, den beide Seiten akzeptieren können«.[175]

Mit anderen Worten: Sie forderten die Unterwerfung der Ukraine unter den russischen Aggressor. Eine erhebliche Zahl weiterer

Personen aus dem kultur-bürgerlichen, pazifistischen Just-Milieu schloss sich ihnen an. Die »German Angst« hatte sich zurückgemeldet.

Der Bundesregierung gelang es lange Zeit nicht, wie versprochen Waffen an die Ukraine zu liefern. Zunächst schien es, dass dies aus Unfähigkeit geschah. Doch dann wurde deutlich, dass dahinter aus der Angst geborene heimliche Verweigerung stand. »Verzögerung ist die tödlichste Form der Verweigerung«, befand Cyril Northcote Parkinson. Sie ist auch feige.

Ein neuer »Ruck« durch die ganze Gesellschaft ist nötig – gegen die Angst, für die Freiheit und die innere Erneuerung.

Durch Zögerlichkeit und Mutlosigkeit gegenüber Diktatoren hat Deutschland während der Kanzlerschaft von Angela Merkel die Rückkehr Russlands als aggressiver Nachfolger der Sowjetunion auf die Weltbühne erleichtert. Künftige Historiker werden es als schändlich bezeichnen, wenn Merkels Nachfolger wieder durch angstvolle Zögerlichkeit Russlands Werk befördern und die Ukraine im Stich lassen.

Ein neuer »Ruck« durch die ganze Gesellschaft ist nötig – gegen die Angst, für die Freiheit und die innere Erneuerung. Aber bei hehren Worten allein darf es nicht bleiben. Neben der militärischen Nachrüstung muss die marode öffentliche Infrastruktur saniert und ein Ausweg aus dem Euro-Inflationssumpf gefunden werden. Dafür müssen wir aber mit Mut aus den alten Denkmustern ausbrechen.

Hier eine Idee für die innere Erneuerung: Nutzen wir doch staatliche Unternehmen oder Finanzierungsgesellschaften, für die der Staat zwar haftet, die aber nicht rechtlich zum Staatssektor gehören, sowohl zur Finanzierung jetzt nötiger Investitionen als auch zur Emission einer Alternative zum Euro in Form einer harten Parallelwährung. In Deutschland wurde unter sehr viel schwierigeren Umständen schon einmal eine Parallelwährung eingeführt: die Rentenmark. So schlimm wie vor hundert Jahren wird es heute nicht kommen. Aber die Wandlung der Europäischen Zentralbank zum Kreditgeber für hoch verschuldete Eurostaaten ist unvereinbar mit langfristiger Preisstabilität. Und dass die Gemeinschaft der Euroländer die Kraft findet, den Euro wieder als Hartwährung aufzustellen, ist höchst zweifelhaft.[176]

Neben dem schwindenden Unternehmergeist, der Wucherung der Identitätspolitik, der Unfähigkeit zur militärischen Verteidigung und der zerbröckelnden Infrastruktur droht die Inflation unsere Gesellschaft zu zersetzen. Dem russischen Revolutionär Lenin waren die Folgen von Inflation bekannt. Es gebe kein subtileres, kein sichereres Mittel, die bestehende Grundlage der Gesellschaft umzustürzen, als die Währung zu entwerten, so Lenin.

Würde Lenin noch leben, dürfte es für ihn klar sein, dass die Transformation des Euro in eine inflationäre Weichwährung das effektivste Mittel zur Zersetzung Europas ist. Der Weg wäre frei für die Krönung von Putins Werk: die »Eurasische Union« unter russischer Führung. Dagegen müssen wir kämpfen. Und wenn uns der Kampf gegen Mutlosigkeit und Defätismus manchmal aussichtslos erscheint, sollten wir uns an Herbert Achternbuschs Motto für seine Atlantikschwimmer erinnern: »Du hast keine Chance, aber nutze sie!«

Anhang

ANMERKUNGEN

1 https://www.tagesschau.de/inland/
innenpolitik/amtsuebergabe-merkel-
scholz-101.html.

2 »Volodymyr Zelensky on Why Ukraine
Must Defeat Putin«. In: *The Economist*,
27. Mai 2022; https://www.economist.
com/europe/volodymyr-zelensky-
on-why-ukraine-must-defeat-pu-
tin/21808448.

3 https://twitter.com/wdraktuell/
status/1497461672876908549.

4 https://dserver.bundestag.de/
btp/20/20019.pdf.

5 Ludwig von Mises: Die Wirtschaftsrechnung im sozialistischen Gemeinwesen. Archiv für Sozialwissenschaft
und Sozialpolitik, Bd. 47, 1920/1921, S.
86–121.

6 Adam Smith: Der Wohlstand der Nationen. Köln 2016. (Orig.: An Inquiry into
the Nations and Causes of the Wealth
of Nations. London 1776).

7 Friedrich A. von Hayek: The Use of
Knowledge in Society. In: *American
Economic Review* 35, Nr. 4, September
1945, S. 519–530.

8 Alan Bullock: Hitler and Stalin: Parallel Lives. New York 1992 (dt.: Hitler
und Stalin. Parallele Leben. München
1999).

9 Nataliya Gevorkyan, Natalaya Timako-
va und Adrei Kolesnikov: First Person:
An Astonishingly Frank Self-Portrait by
Russia's President Vladimir Putin. New
York 2000, S. 3. (Alle Übersetzungen
aus dem Englischen sind von mir, T.
M.).

10 Dazu gehörten vor der Oktober-
revolution Russland einschließlich Sibi-
riens, die Ukraine, Belarus, Moldawien,
Finnland, der Kaukasus (Armenien,
Aserbaidschan und Georgien) und
Teile Zentralasiens (Kasachstan, Kirgi-
sistan, Tadschikistan, Turkmenistan und
Usbekistan).

11 Gunnar Heinsohn: Lexikon der Völkermorde. Reinbek 1998.

12 Dominik Kalus: »Putin ist besessen
von dem Platz, den er in der Geschichte einnehmen wird«. In:
Die Welt, 30. März 2022; https://
www.welt.de/politik/ausland/
plus237868371/Ukraine-Krieg-Putin-
ist-besessen-von-dem-Platz-den-
er-in-der-Geschichte-einnehmen-
wird.html?icid=search.product.
onsitesearch.

13 https://de.wikipedia.org/wiki/Du-
ell_%E2%80%93_Enemy_at_the_
Gates.

14 Nataliya Gevorkyan, Natalya Timakova
und Adrei Kolesnikov: First Person, a. a.
O., S. 7.

15 Ebd., S. 10.

16 *Schild und Schwert* ist ein sowjetisch-
polnisch-ostdeutscher Spielfilm aus
dem Jahr 1968, der unter anderem
in Litauen, Kaliningrad, Dresden und
Berlin gedreht wurde.

17 Guillaume Roquette: »In seiner Blind-
heit ist Putin zum Schlimmsten in
der Lage«. In: *Die Welt*, 3. Juni 2022;
https://www.welt.de/politik/ausland/
plus239115603/Ehemaliger-KGB-
Agent-Sergej-Jirnow-Strategisch-
hat-Putin-diesen-Krieg-bereits-ver-
loren.html?icid=search.product.
onsitesearch.

18 Nataliya Gevorkyan, Natalya Timakova und Adrei Kolesnikov: First Person, a. a. O., S. 69.

19 Jegor T. Gaidar: Collapse of an Empire: Lessons for Modern Russia, Kapitel 4: »Oil in Western Siberia: The Illusion of Salvation«. Washington D.C. 2007.

20 Nataliya Gevorkyan, Natalya Timakova und Adrei Kolesnikov: First Person, a. a. O., S. 70.

21 Catherine Belton: Putin's People: How the KGB Took Back Russia and then Took on the West. London 2020, S. 29. (Dt.: Putins Netz. Wie sich der KGB Russland zurückholte und dann den Westen ins Auge fasste. Hamburg 2022).

22 Ebd., S. 40.

23 Ebd., S. 33.

24 Jegor T. Gaidar: Collapse of an Empire, a. a. O., Pos. 2661.

25 Ebd., Pos. 2647.

26 Vladimir Putin: On the Historical Unity of Russians and Ukrainians. Website des »President of Russia«, 12. Juli 2021; http://en.kremlin.ru/events/president/news/66181.

27 Nataliya Gevorkyan, Natalya Timakova und Adrei Kolesnikov: First Person, a. a. O., S. 78.

28 Ebd.

29 http://en.kremlin.ru/events/president/news/68606.

30 https://de.wikipedia.org/wiki/Aufstand_vom_17._Juni_1953#Ab_Freitag,_12._Juni_1953.

31 https://www.chronik-der-mauer.de/material/178761/fluchtbewegung-aus-der-ddr-und-dem-ostsektor-von-berlin-1949-1961.

32 Ralph Bollmann: Angela Merkel. Die Kanzlerin und ihre Zeit. München 2021, S. 23. Die evangelische Kirche blieb trotz der Staatstrennung vereint, bis sich 1969 die ostdeutschen Landeskirchen auf Druck der DDR-Regierung abspalteten.

33 Ebd., S. 34.

34 Ebd., S. 31.

35 Thomas Mayer: Der wankende Hegemon. Flossbach von Storch Research Institute, 23. Dezember 2021; https://www.flossbachvonstorch-researchinstitute.com/de/kommentare/der-wankende-hegemon/.

36 Ralph Bollmann: Angela Merkel, a. a. O., S. 34.

37 Ebd., S. 37.

38 »Ich bin, glaube ich, im entscheidenden Moment mutig. Aber ich brauche beachtliche Anlaufzeiten, und versuche, möglichst viel vorher zu bedenken. Spontan mutig bin ich nicht.« Zitat aus: Ralph Bollmann: Angela Merkel, a. a. O., S. 37.

39 https://www.swr.de/swr2/wissen/archivradio/walter-ulbricht-niemand-hat-die-absicht-eine-mauer-zu-errichten-1561961-100.html.

40 https://www.bundesarchiv.de/DE/Content/Virtuelle-Ausstellungen/21-August-1968-Einmarsch-Kein-Einmarsch-Die-Beteiligung-Der-Nationalen-Volksarmee-Der-Ddr-An-Der-Niederschlagung-Des-Prager-Fruhlings/21-august-1968-einmarsch-kein-einmarsch-die-beteiligung-der-nationalen-volksarmee-der-ddr-an-der-niederschlagung-des-prager-fruhlings.html#:~:text=21.-,August%201968%3A%20Einmarsch%20%2D%20Kein%20Einmarsch.,der%20Niederschlagung%20des%20%22Prager%20Fr%C3%BClings%22&text=Am%20Nachmittag%20des%2019.,Zeitpunkt%20f%C3%BCr%20%22Donau%22%20mitgeteilt.

41 Ralph Bollmann: Angela Merkel, a. a. O., S. 42.

42 Während des Studiums hielt sie sich zum Beispiel drei Wochen in Leningrad auf.

43 Ralph Bollmann: Angela Merkel, a. a. O., S. 52.

44 https://de.wikipedia.org/wiki/Freie_ Deutsche_Jugend#:~:text=In%20 der%20DDR%20war%20sie,Jugend%20 und%20im%20Internationalen%20 Studentenbund.

45 Ralph Bollmann: Angela Merkel, a. a. O., S. 93–95.

46 Ralf Georg Reuth: Merkels doppelte Biographie. In: Philip Plickert (Hrsg.): Merkel. Eine kritische Bilanz. München 2018, S. 58.

47 Ralph Bollmann: Angela Merkel, a. a. O., S. 116.

48 Ebd., S. 113.

49 Ebd., S. 120.

50 http://www.artnet.de/k%C3%BCnstler/ hans-thoma/zwei-feinde-wolf- und-cham%C3%A4leon-_ONl2Cmo- d0iH9mdzpdBHbA2.

51 Thomas Hobbes: Leviathan. Frankfurt am Main 1984 (Org.: 1651).

52 Nataliya Gevorkyan, Natalya Timakova und Adrei Kolesnikov: First Person, a. a. O., S. 81.

53 Susanne Schattenberg: Das Ende der Sowjetunion in der Historiographie. Aus »Politik und Zeitgeschehen«, der Beilage zur Wochenzeitung Das Parla- ment, 30. November 2011; https:// www.bpb.de/shop/zeitschriften/ apuz/59630/das-ende-der-sowjet- union-in-der-historiographie/#foot- note-target-1.

54 Catherine Belton: Putin's People, a. a. O., S. 85 ff.

55 Ebd., S. 87.

56 Siehe dazu: Nataliya Gevorkyan, Na- talya Timakova und Adrei Kolesnikov: First Person, a. a. O., S. 113.

57 Ebd., S. 121.

58 Ebd., S. 131.

59 Ebd., a. a. O., S. 140.

60 Ebd., S. 168.

61 Ebd.

62 Human Rights Watch Briefing Paper. Worse Than a War: »Disappearances« in Chechnya – a Crime Against Humanity. März 2005.

63 Gunnar Heinsohn: »Putins zweiter Völker- mord«. In: Die Welt, 29. April 2022.

64 Catherine Belton: Putin's People, a. a. O., S. 176.

65 Thomas Mayer: Das Inflationsgespenst. Eine Weltgeschichte von Geld und Wert. Salz- burg/München 2022, S. 212–219.

66 Ralph Bollmann: Angela Merkel, a. a. O., S. 148.

67 Ebd., S. 170.

68 https://germanhistorydocs.ghi-dc.org/pdf/ deu/Chapter10_doc_7.pdf.

69 Ralph Bollmann: Angela Merkel, a. a. O., S. 205.

70 https://dserver.bundestag.de/btp/15/15032. pdf.

71 Ralph Bollmann: Angela Merkel, a. a. O., S. 242.

72 Protokoll. 17. Parteitag der CDU Deutsch- lands. 1.–2. Dezember 2003, Leipzig; https://www.kas.de/c/document_library/ get_file?uuid=27a0f352-6bd6-4095-9c70- dd684970121a&groupId=252038, S. 25.

73 Ebd., S. 212.

74 Hans Peter Schütz: »Die neue Maggie«. In: Stern Online, ohne Datum; https://www. stern.de/politik/deutschland/angela-mer- kel-die-neue-maggie-3507236.html.

75 Ob sie tatsächlich »Schmiere« sagte, konnte ich nicht hören. Alles andere schon.

76 Ralph Bollmann: Angela Merkel, a. a. O., S. 253.

77 Horst Köhler: »Die Finanzmärkte sind zu einem Monster geworden«, In: Stern, 21. Mai 2008; https://www.stern.de/politik/ deutschland/horst-koehler--die-finanz- maerkte-sind-zu-einem-monster-gewor- den--3853378.html.

78 https://dserver.bundestag.de/btp/16/16175. pdf.

79 https://www.fr.de/wirtschaft/steinbru-eck-kritisiert-kritiker-11600111.html.

80 Merkel und Steinbrück im Wortlaut: »Die Spareinlagen sind sicher«. In: *Spiegel Online*, 5. November 2008; https://www.spiegel.de/wirtschaft/merkel-und-steinbrueck-im-wort-laut-die-spareinlagen-sind-si-cher-a-582305.html.

81 https://www.stern.de/politik/deutsch-land/rezession-steinbrueck-warnt-vor-hysterie-3736400.html.

82 https://www.bundesregierung.de/resource/blob/975954/770944/fefb005895798e-e626b802abb58308c6/37-2-bk-data.pdf?download=1, S. 6.

83 Thomas Mayer: Das Inflations-gespenst, a. a. O., S. 288–301.

84 https://www.ecb.europa.eu/press/key/date/2012/html/sp120726.en.html.

85 Matthias Kullas, Karen Rudolph und Muhammed Elemenler: 10 Jahre Um-verteilung zwischen den EU-Mitglied-staaten. cepStudie. Freiburg, Dezem-ber 2019.

86 Die Forderungen der Bundesbank entstanden, weil die Zahlungen aus anderen Euroländern aufgrund von Leistungsbilanzdefiziten und Kapital-exporten größer waren als deutsche Zahlungen in die Gegenrichtung.

87 Bundesministerium der Finanzen: EFSF und ESM – Überblick über die Europäi-schen Finanzhilfen. Berlin, März 2022.

88 Obwohl der italienische Staat seinen Bedarf an Finanzmitteln leicht durch Steuern und Ersparnisse seiner Bür-ger decken könnte, erhält Italien mit 200 Milliarden Euro den Löwenanteil des Fonds. Auf die Frage, warum das so sei, antwortete mir ein hoher Be-amter der EU-Kommission sinngemäß: »Weil es eben Italien ist.« Das erinnert an den Grund für die permanent über der Grenze des Stabilitäts- und Wachstumspakts liegenden Haus-haltsdefizite Frankreichs: »Weil es eben Frankreich ist« (so der ehemalige Kommissionspräsident Jean-Claude Juncker). Beide Länder sehen in der Europäischen Union eine Geldquelle, die sie ungeniert anzapfen können. Dass am Ende die Steuerzahler der sparsameren Länder, darunter Deutschland, zahlen, störte weder die von Merkel geführten Regierungen noch ihre Vorgänger und Nachfolger.

89 Ralph Bollmann: Angela Merkel, a. a. O., S. 170.

90 https://www.wsj.com/articles/worlds-dumbest-energy-policy-11548807424.

91 https://www.insm.de/fileadmin/insm-dms/text/soziale-marktwirtschaft/eeg/INSM_Gutachten_Energiewende.pdf.

92 https://bdi.eu/publikation/news/klimapfade-2-0-ein-wirtschaftspro-gramm-fuer-klima-und-zukunft/.

93 https://www.manager-magazin.de/politik/deutschland/deutschland-kann-sein-klimaziel-2030-kaum-noch-erreichen-a-58b6496e-1602-427c-9ced-3d1c547a4064.

94 Frank Hennig: Klimadämmerung. Vom Ausstieg zum Abstieg – ein Plädoyer für mehr Vernunft in der Energiepolitik. München 2021, S. 67.

95 Das gleiche Verhältnis gilt auch für die gesamte inländische Bruttoenergie-erzeugung, die rund 29 Prozent des Primärenergieverbrauchs deckt. Siehe: https://www.bpb.de/kurz-knapp/hintergrund-aktuell/507243/deutsch-lands-abhaengigkeit-von-russischem-gas/.

96 https://www.dw.com/de/fracking-von-gas-in-deutschland-als-alterna-tive/a-62216420.

97 Josef Kraus und Richard Drexl: Nicht einmal bedingt abwehrbereit. Die

Bundeswehr in der Krise. München 2019.

98 Erich Vad: Angela Merkel und das Dilemma deutscher Sicherheitspolitik. In: Philip Plickert (Hrsg.): Merkel, a. a. O., S. 241.

99 https://www.globalfirepower.com/countries-listing.php.

100 Erich Weede: Frieden durch Kapitalismus. Eine Ergänzung und Alternative zum demokratischen Frieden. In: Internationale Politik, Juli 2005; https://internationalepolitik.de/system/files/article_pdfs/IP_07-05_Weede.pdf.

101 https://www.youtube.com/watch?v=JQzW6DNkP_8.

102 Robin Alexander: Die Getriebenen. Merkel und die Flüchtlingspolitik: Report aus dem Innern der Macht. München 2017.

103 Ralph Bollmann: Angela Merkel, a. a. O., S. 532.

104 Holger Bonin: Der Beitrag von Ausländern und künftiger Zuwanderung zum deutschen Staatshaushalt. Bertelsmann Stiftung, Gütersloh 2014.

105 Michael Wolffsohn: Populus und Pöbel. In: Philip Plickert (Hrsg.): Merkel, a. a. O., S. 171.

106 Ebd., S. 173.

107 Anthony Glees: Bye-bye Britain. In: Philip Plickert (Hrsg.): Merkel, a. a. O., S. 207.

108 https://www.bundestag.de/webarchiv/textarchiv/2010/29826227_kw20_de_stabilisierungsmechanismus-201760.

109 Catherine Belton: Putin's People, a. a. O., S. 81.

110 Maria Lipman, Anna Kachkaeva, und Michael Poyker: Media in Russia. In: Daniel Treisman (Hrsg.): The New Autocracy: Information, Politics, and Policy in Putin's Russia. Washington D.C. 2018.

111 Ebd., S. 160.

112 Andrei Soldatov und Michael Rochlitz: The Siloviki in Russian Politics. In: Daniel Treisman (Hrsg.): The New Autocracy, a. a. O.

113 https://www.wikidata.org/wiki/Q27874540.

114 Gavin Slade: Deconstructing the Millennium Manifesto: The Yeltsin-Putin Transition and the Rebirth of Ideology. In: geohistory, Mai 2006; https://geohistory.today/deconstructing-millennium-manifesto/.

115 Den regionalen Gouverneuren nahm er auch ihre Sitze im Oberhaus des Parlaments und ihre parlamentarische Immunität. 2004 schaffte er schließlich die Gouverneurswahlen ab.

116 Nataliya Gevorkyan, Natalya Timakova und Adrei Kolesnikov: First Person, a. a. O., S. 129 und S. 186.

117 Maxim Ananyev: Inside the Kremlin: The Presidency and Executive Branch. In: Daniel Treisman (Hrsg.): The New Autocracy, a. a. O.

118 Ben Noble und Ekaterina Schulmann: Not Just a Rubber Stamp: Parliament and Lawmaking. In: Daniel Treisman (Hrsg.): The New Autocracy, a. a. O.

119 Nach dem Augustputsch in Moskau, der Gorbatschows politische Karriere beendete, und dem Zerfall der Sowjetunion 1991 kam es zwischen dem noch zu Sowjetzeiten im Jahr 1989 gewählten Kongress der Volksdeputierten Russlands und dem 1991 gewählten russischen Präsidenten Jelzin zu einem Machtkampf, der 1993 seinen Höhepunkt erreichte. Jelzin ließ das Parlament mit Panzergranaten beschießen und gewann. Noch im gleichen Jahr setzte er per Referendum eine neue Verfassung durch, die dem Präsidenten eine weitreichende Machtbefugnis einräumte.

120 Dagestan ist eine der neunzehn russischen Republiken, die sich 1992 mit

Russland zur Russischen Föderation zusammengeschlossen hatten. Nach den Zugängen Tatarstan, Tschetschenien und der Krim umfasst die Föderation heute außer Russland zweiundzwanzig Republiken. In ihnen leben mehrheitlich Angehörige nicht russischer Ethnien.

121 Nataliya Gevorkyan, Natalya Timakova und Adrei Kolesnikov: First Person, a. a. O., S. 140.

122 Und sein Vasall Dimitri Medwedew scheint Kasachstan ebenfalls dazuzurechnen. Siehe dazu: Dominik Kalus: »›Der Existenz der alten Welt ein Ende setzen‹ – Die irren Fantasien von Großrussland«. In: Die Welt, 12. August 2022; https://www.welt.de/politik/ausland/plus240442783/Russland-Die-irren-Fantasien-vom-neuen-sowjetischen-Grossreich.html?icid=search.product.onsitesearch.

123 Vladimir Putin: On the Historical Unity of Russians and Ukrainians. Website des »President of Russia«, 12. Juli 2021; http://en.kremlin.ru/events/president/news/66181.

124 Transcript: Vladimir Putin's Televised Address on Ukraine. Bloomberg News, 24. Februar 2022; https://www.bloomberg.com/news/articles/2022-02-24/full-transcript-vladimir-putin-s-televised-address-to-russia-on-ukraine-feb-24.

125 https://de.wikipedia.org/wiki/Alexander_Geljewitsch_Dugin#Philosophie_und_Geopolitik.

126 Siehe: A Dark State: »Vladimir Putin is in Thrall to a Distinctive Brand of Russian Fascism«. In: The Economist, 28. Juli 2022.

127 Nataliya Gevorkyan, Natalya Timakova und Adrei Kolesnikov: First Person, a. a. O., S. 12.

128 Max Seddon: »Putin and the Patriarchs: How Geopolitics Tore Apart the Orthodox Church«. In: Financial Times, 22. August 2019.

129 »Russia's Orthodox Church Paints the Conflict in Ukraine as a Holy War«. In: The Economist, 21. März 2022.

130 Polina Ivanova: »Russian Orthodox Church Lends Legitimacy to Vladimir Putin's War in Ukraine«. In: Financial Times, 18. April 2022.

131 Im Ukraine-Krieg scheint die römisch-katholische Kirche nun wieder eine Position zwischen den Kontrahenten einnehmen zu wollen. Papst Franziskus meinte, vielleicht habe das »Bellen der NATO an Russlands Tür« den Zorn Putins entfacht. »Ein Zorn, von dem ich nicht sagen kann, ob er provoziert wurde ... aber begünstigt womöglich schon.« Siehe: Virginia Kirst: »Der Papst spielt Putins Propaganda in die Hände«. In: Die Welt, 5. Mai 2022.

132 Chris Miller: Putinomics: Power and Money in Resurgent Russia. Chapel Hill 2018, S. 3.

133 Rodric Braithwaite, Russia: Myths and Realities. London 2022, S. 68 f.

134 Natalia Lamberova und Konstantin Sonin: The Role of Business in Shaping Economic Policy. In: Daniel Treisman (Hrsg.): The New Autocracy, a. a. O.

135 https://de.statista.com/statistik/daten/studie/1293852/umfrage/groesste-weizenexporteure-weltweit-marktanteil/.

136 Natalia Karlova, Olga Shik, Eugenia Serova und Renata Yanbykh: Der aktuelle Zustand der russischen Landwirtschaft: Produktion, Betriebsstruktur, Handel, Politik und neue Herausforderungen. In: Russland-Analysen, Nr. 395, 8. Dezember 2020; https://www.laender-analysen.de/russland-analysen/395/RusslandAnalysen395.pdf.

137 Mikhail Khodorkovsky: The Russia Conundrum. London 2022, S. 159.

138 Matthias Koch: »Fünf ›frappierende Parallelen‹: Putin regiert wie Iwan der Schreckliche«. In: *RedaktionsNetzwerk Deutschland*, 13. April 2022 https://www.rnd.de/politik/putin-fuenf-pa-rallelen-zu-iwan-dem-schrecklichen-WBWJLVIGKJEZHFAWDV2A3YIMHY.html.

139 https://www.dw.com/de/verfas-sungs%C3%A4nderung-in-russland-putin-auf-lebenszeit/a-54018567.

140 In einer umfassenden Analyse kommen Jeffrey Sonnenfeld, Steven Tian, Franek Sokolowski, Michal Wyrebkowski und Mateusz Kasprowicz zu dem Schluss, dass die westlichen Sanktionen die russische Wirtschaft sehr hart ge-troffen haben, auf jeden Fall weit här-ter, als die offiziellen Statistiken zeigen. Siehe: Business Retreats and Sanctions Are Crippling the Russian Economy, Juli 2022; http://dx.doi.org/10.2139/ssrn.4167193.

141 Francis Fukuyama: The End of History. In: *The National Interest*, Sommer 1989.

142 http://www.ag-friedensforschung.de/themen/Sicherheitskonferenz/2007-putin-dt.html.

143 https://www.tagesschau.de/fakten-finder/nato-erweiterung-mittel-ost-europa-101.html.

144 Später stellte sich heraus, dass es sich um Söldner der »Gruppe Wag-ner« handelte. Die Truppe wird von dem Oligarchen Jewgeni Prigoschin angeführt. Prigoschin ist als »Putins Koch« bekannt, besitzt aber außer Res-taurants eine Reihe weiterer Firmen und gehört zum engeren Kreis Putins.

145 Thomas Schmid: »Steinmeiers Außen-politik folgte immer dem Motto ›Russ-land first‹«. In: *Die Welt*, 15. April 2022; https://www.welt.de/debatte/kom-mentare/plus238204727/Steinmeiers-Aussenpolitik-folgte-dem-Motto-Russland-first.html.

146 Andrij Melnyk im Gespräch mit Chris-toph Heinemann: »Nur ein Fetzen Papier«. In: Deutschlandfunk, 13. Feb-ruar 2015; https://www.deutschland-funk.de/minsker-abkommen-nur-ein-fetzen-papier-100.html.

147 Ralph Bollmann: Angela Merkel, a. a. O., S. 468.

148 https://www.t-online.de/nach-richten/deutschland/innenpolitik/id_92305342/angela-merkel-ueber-russland-politik-werde-mich-nicht-entschuldigen-.html.

149 Catherine Belton: Putin's People, a. a. O., S. 94.

150 Ebd., S. 309–343.

151 Ebd., S. 319 und S. 331–333.

152 Thomas, Daniel, Laura Hughes, George Hammond, Stephen Morris und Kate Beioley: »The ›London Laun-dromat‹: Will Britain Wean Itself off Russian Money?«. In: *Financial Times*, 4. März 2022; https://www.ft.com/content/cfb74ef3-13d2-492a-b8da-c70b6340ccdd.

153 Ebd.

154 Ebd.

155 Catherine Belton: Putin's People, a. a. O., S. 439.

156 Thomas, Daniel, Laura Hughes, George Hammond, Stephen Morris und Kate Beioley: »The ›London Laun-dromat‹«, a. a. O.

157 Catherine Belton: Putin's People, a. a. O., S. 448–488.

158 Klemens Handke: Altkanzler als Lobby-ist: Was kassiert Gerhard Schröder von Wladimir Putin? In: *Business Insider*, 11. März 2022; https://www.business-insider.de/wirtschaft/finanzen/altkanzler-als-lobbyist-was-kassiert-gerhard-schroeder-von-wladimir-pu-tin-c/.

159 Diese Vermögen dürfte er kaum mit seinem Ruhegehalt als Politiker in Höhe von 8.000 Euro im Monat

angesammelt haben, auch wenn für den Unterhalt eines für ihn eingerichteten Büros mit mehreren Mitarbeitern allein im Jahr 2021 407.000 Euro aus der Staatskasse geflossen sind.

160 https://www.abendblatt.de/politik/deutschland/article106930893/Schroeder-Putin-ist-lupenreiner-Demokrat.html.

161 Jens Høvsgaard: Gier, Gas und Geld. Wie Deutschland mit Nord Stream Europas Zukunft riskiert. Berlin 2019, S. 255.

162 Dirk Banse, Alexej Hock, Matthias Kamann und Uwe Müller: »Kremlnähe, Mogelstiftung, Aktenkrimi – Manuela Schwesig vor dem Abgrund«. In: *Welt Online*, 1. Mai 2022.

163 Rainer Baake: Kleine Anfrage der Abgeordneten Lorenz Gösta Beutin, Ralph Lenkert, Hubertus Zdebel u. a. der Fraktion DIE LINKE, betr.: »Lobbyismus und Drehtür-Effekt beim Ostsee-Pipeline-Projekt Nord Stream«, BT-Drucksache: 19161, 12. Dezember 2017.

164 Daniel Wetzel: »Gasspeicher-Verkauf an Gazprom ist ›unbedenklich‹. In: Die Welt, 26. März 2014; https://www.welt.de/print/die_welt/wirtschaft/article126196980/Gasspeicher-Verkauf-an-Gazprom-ist-unbedenklich.html.

165 Florian Gathmann und Benjamin Schulz: »Ich mache mir keine Vorwürfe«. In: *Spiegel Online*, 7. Juni 2022; https://www.spiegel.de/politik/deutschland/angela-merkel-ex-kanzlerin-verteidigt-ihre-russland-politik-a-6429fbc9-9ac8-46bc-b1ae-d1a67bc61606.

166 »Herr Gorbatschow, reißen Sie diese Mauer nieder!«.

167 https://en.wikipedia.org/wiki/Tear_down_this_wall!.

168 Dessen ungeachtet sollte man in einem Land, in dem das Versagen von

Politik und Bürokratie beim Erreichen erheblicher bescheidener Ziele – wie halbwegs pünktlichen Zugverkehr oder der Bau von Flughäfen und Bahnhöfen – an der Tagesordnung ist, nicht erwarten, dass der Klimawandel durch staatliche Zentralplanung gesteuert werden kann.

169 Norbert F. Tofall: Populismus und Inflation – Oder weshalb der Westen ein neues »Bretton Woods« benötigt. Flossbach von Storch Research Institute, 13. Mai 2022; https://www.flossbachvonstorch-researchinstitute.com/de/kommentare/populismus-und-inflation-oder-weshalb-der-westen-ein-neues-bretton-woods-benoetigt/.

170 Thomas Mayer: Das Inflationsgespenst, a. a. O., S. 346–365.

171 Benjamin M. Friedman: Religion and the Rise of Capitalism. New York 2021.

172 Hermann Lübbe: Politischer Moralismus. Der Triumph der Gesinnung über die Urteilskraft. Münster 2019.

173 https://www.gallup-international.bg/en/33483/win-gallup-internationals-global-survey-shows-three-in-five-willing-to-fight-for-their-country/.

174 Siehe S. 71.

175 https://www.change.org/p/offener-brief-an-bundeskanzler-scholz?recruiter=1263059096&recruited_by_id=707cc780-c7b0-11ec-b13c-f51e-de250610&utm_source=share_petition&utm_medium=copylink&utm_campaign=petition_dashboard.

176 Siehe dazu Thomas Mayer: Das Inflationsgespenst, a. a. O., S. 346–365 und Thomas Mayer: »Der Euro wird nicht überleben«- In *Focus Money*, Nr. 42, 12. Oktober 2022.

LITERATUR

ALEXANDER, ROBIN: Die Getriebenen. Merkel und die Flüchtlingspolitik: Report aus dem Innern der Macht. München 2017.

ANANYEV, MAXIM: Inside the Kremlin: The Presidency and Executive Branch. In: Daniel Treisman (Hrsg.): The New Autocracy: Information, Politics, and Policy in Putin's Russia. Washington D.C. 2018.

BRAITHWAITE, RODRIC: Russia: Myths and Realities. London 2022.

BELTON, CATHERINE: Putins Netz. Wie sich der KGB Russland zurückholte und dann den Westen ins Auge fasste. Hamburg 2022.

BOLLMANN, RALPH: Angela Merkel. Die Kanzlerin und ihre Zeit. München 2021.

BONIN, HOLGER: Der Beitrag von Ausländern und künftiger Zuwanderung zum deutschen Staatshaushalt. Bertelsmann Stiftung, Gütersloh 2014.

BULLOCK, ALAN: Hitler und Stalin. Parallele Leben. München 1999.

FRIEDMAN, BENJAMIN M.: Religion and the Rise of Capitalism. New York 2021.

FUKUYAMA, FRANCIS: The End of History. In: The National Interest, Sommer 1989.

GAIDAR, JEGOR T.: Collapse of an Empire: Lessons for Modern Russia. Washington D.C. 2007.

GEVORKYAN, NATALIYA, TIMAKOVA, NATALYA, UND ADREI KOLESNIKOV: First Person: An Astonishingly Frank Self-Portrait by Russia's President Vladimir Putin. New York 2000.

HAYEK, FRIEDRICH A. VON: The Use of Knowledge in Society. In: American Economic Review 35, Nr. 4, September 1945, S. 519–530.

GLEES, ANTHONY: Bye-bye Britain. In: Philip Plickert (Hrsg.): Merkel. Eine kritische Bilanz. München 2018.

HEINSOHN, GUNNAR: Lexikon der Völkermorde. Reinbek 1998.

HENNIG, FRANK: Klimadämmerung. Vom Ausstieg zum Abstieg – ein Plädoyer für mehr Vernunft in der Energiepolitik. München 2021.

HOBBES, THOMAS: Leviathan. Frankfurt am Main 1984.

HØVSGAARD, JENS: Gier, Gas und Geld. Wie Deutschland mit Nord Stream Europas Zukunft riskiert. Berlin 2019.

Human Rights Watch Briefing Paper. Worse Than a War: »Disappearances« in Chechnya – a Crime Against Humanity. März 2005.

KARLOVA, NATALIA, SHIK, OLGA, SEROVA, EUGENIA, UND RENATA YANBYKH: Der aktuelle Zustand der russischen Landwirtschaft: Produktion, Betriebsstruktur, Handel, Politik und neue

Herausforderungen. In: Russland-Analysen, Nr. 395, 8. Dezember 2020; https://www.laender-analysen.de/russland-analysen/395/RusslandAnalysen395.pdf.

KHODORKOVSKY, MIKHAIL: The Russia Conundrum. London 2022.

KRAUS, JOSEF, UND RICHARD DREXL: Nicht einmal bedingt abwehrbereit. Die Bundeswehr in der Krise. München 2019.

KULLAS, MATTHIAS, RUDOLPH, KAREN, UND MUHAMMED ELEMENLER: 10 Jahre Umverteilung zwischen den EU-Mitgliedstaaten. cepStudie. Freiburg, Dezember 2019.

LAMBEROVA, NATALIA, UND KONSTANTIN SONIN: The Role of Business in Shaping Economic Policy. In: Daniel Treisman (Hrsg.): The New Autocracy: Information, Politics, and Policy in Putin's Russia. Washington D.C. 2018.

LIPMAN, MARIA, KACHKAEVA, ANNA, UND MICHAEL POYKER: Media in Russia. In: Daniel Treisman (Hrsg.): The New Autocracy: Information, Politics, and Policy in Putin's Russia. Washington D.C. 2018.

LÜBBE, HERMANN: Politischer Moralismus. Der Triumph der Gesinnung über die Urteilskraft. Münster 2019.

MAYER; THOMAS: Der wankende Hegemon. Flossbach von Storch Research Institute, 23. Dezember 2021; https://www.flossbachvonstorch-researchinstitute.com/de/kommentare/der-wankende-hegemon/.

MAYER, THOMAS: Das Inflationsgespenst. Eine Weltgeschichte von Geld und Wert. Salzburg/München 2022.

MILLER, CHRIS: Putinomics: Power and Money in Resurgent Russia. Chapel Hill 2018.

MISES, LUDWIG VON: Die Wirtschaftsrechnung im sozialistischen Gemeinwesen. Archiv für Sozialwissenschaft und Sozialpolitik, Bd. 47, 1920/1921.

RALF GEORG REUTH: Merkels doppelte Biographie. In: Philip Plickert (Hrsg.): Merkel. Eine kritische Bilanz. München 2018.

NOBLE, BEN, UND EKATERINA SCHULMANN: Not Just a Rubber Stamp: Parliament and Lawmaking. In: Daniel Treisman (Hrsg.): The New Autocracy: Information, Politics, and Policy in Putin's Russia. Washington D.C. 2018.

SCHATTENBERG, SUSANNE: Das Ende der Sowjetunion in der Historiographie. Aus »Politik und Zeitgeschehen«, der Beilage zur Wochenzeitung Das Parlament, 30. November 2011.

SLADE, GAVIN: Deconstructing the Millennium Manifesto: The Yeltsin-Putin Transition and the Rebirth of Ideology. In: geohistory, Mai 2006; https://geohistory.today/deconstructing-millennium-manifesto/.

SMITH, ADAM: Der Wohlstand der Nationen. Köln 2016.

SOLDATOV, ANDREI, UND MICHAEL ROCHLITZ: The Siloviki in Russian Politics. In: Daniel Treisman (Hrsg.): The New Autocracy: Information, Politics, and Policy in Putin's Russia. Washington D.C. 2018.

TOFALL NORBERT F.: Populismus und Inflation – Oder weshalb der Westen ein neues »Bretton Woods« benötigt. Flossbach von Storch Research Institute, 13. Mai 2022; https://www.flossbach-vonstorch-researchinstitute.com/de/kommentare/populismus-und-inflation-oder-weshalb-der-westen-ein-neues-bretton-woods-benoetigt/.

VAD, ERICH: Angela Merkel und das Dilemma deutscher Sicherheitspolitik. In: Philip Plickert (Hrsg.): Merkel. Eine kritische Bilanz. München 2018.

WEEDE, ERICH: Frieden durch Kapitalismus. Eine Ergänzung und Alternative zum demokratischen Frieden. In: *Internationale Politik*, Juli 2005.

WOLFFSOHN, MICHAEL: Populus und Pöbel. In: Philip Plickert (Hrsg.): Merkel. Eine kritische Bilanz. München 2018.

PERSONENREGISTER

A
Abramowitsch, Roman 128f, 169
Ackermann, Josef 98
Andropow, Juri 27, 33, 126
Aven, Pjotr 126

B
Baake, Rainer 173f
Baker, James 160
Barker, Gregory 168
Baumann, Brigitte 78
Belton, Catherine 36, 63
Beresowski, Boris 128, 130
Beria, Lawrenti 28
Biden, Joe 175, 190
Blessing, Martin 98
Böhm-Bawerk, Eugen von 14
Bollmann, Ralph 47f
Bolschakow, Alexei 129
Bouffier, Volcker 79
Brandt, Willy 171
Breschnew, Leonid 33
Bullock, Alan 20
Bush, George W. 81, 161

C
Cantillon, Richard 43
Chodorkowski, Michail 126ff, 130, 151
Chomeini, Ruhollah 51
Chruschtschow, Nikita 25, 28f, 33

D
Deripaska, Oleg 168
Doherr, Annamarie 49
Draghi, Mario 100, 104f
Dugin, Alexander 139

F
Fridman, Michail 128
Fukuyama, Francis 156

G
Gabriel, Sigmar 119, 173f
Gaidar, Jegor 39, 126ff
Giuliani, Rudy 170
Glees, Anthony 120
Gorbatschow, Michail 33, 36f, 41f, 53,
    58, 60, 62, 126, 160, 177
Gussinski, Wladmimir 128, 130
Guttenberg, Karl-Theodor 107, 114

H
Heinsohn, Gunnar 71
Hennig, Frank 110
Herrhausen, Alfred 36
Hobbes, Thomas 60
Hollande, François 163
Honecker, Erich 53f

I
Iljin, Iwan 139
Iwan, der Schreckliche 146, 151
Iwanow, Wiktor 129

J
Jakowlew, Wladimir 65, 126
Jakunin, Wladimir 64, 147
Jelzin, Boris 39, 42, 44, 63, 65ff, 128ff,
    134, 143f, 146f, 153, 157f, 166f
Johnson, Boris 169, 171

K
Kadyrow, Ramsan Achmat 135
Kasner, Horst 11, 45, 47f, 50
Kiep, Walther Leisler 77
Kirchhof, Paul 86f
Kirill, Patriarch 142
Kirow, Sergei 44

Kissinger, Henry 60
Koch, Roland 79, 82
Kohl, Helmut 177
Köhler, Horst 92f, 107
Kossygin, Alexei 31
Kowaltschuk, Juri 130
Krause, Günther 53, 55, 73
Krenz, Egon 54
Kumarin, Wladimir 62

L
Laschet, Armin 79
Lenin, Wladimir 20ff, 44, 125, 192

M
Maizière, Lothar de 55, 75
Maizière, Thomas de 116
Malkin, Witali 128
Marx, Karl 18
Medwedew, Dimitri 135
Melnyk, Andrij 165
Merkel, Angela 9, 11ff, 19, 45, 48, 51,
    53ff, 57, 59, 73ff, 91ff, 97ff, 102f,
    105, 107ff, 111ff, 155, 161, 163, 165,
    175, 191
Merz, Friedrich 79ff, 85f, 92
Miller, Alexei 167, 172, 174
Mises, Ludwig von 17, 19, 39
Modrow, Hans 37, 54
Müller, Klaus-Peter 98
Müntefering, Franz 86, 88, 100, 112

O
Oettinger, Günther 79
Olson. Mancur 184
Osang, Alexander 175

P
Papakonstantinou, Giorgos 101
Papandreou, Georgios 91, 101
Parkinson, Cyrill 121, 191

Patruschew, Nikolai 129
Peter der Große 61
Platzeck, Matthias 173
Poroschenko, Petro 163
Potanin, Wladimir 128
Primakow, Jewgeni 67ff, 126, 131
Pugatschow, Sergei 67f, 70, 72
Putin, Wladimir 9ff, 17, 19f, 24, 26ff,
    34ff, 40, 42, 44f, 57, 59ff, 68, 70ff,
    88, 125f, 128ff, 134ff, 138ff, 146f,
    149ff, 155, 157ff, 163ff, 171ff, 178,
    182, 186, 189f, 192

R
Reagan, Ronald 91, 177
Röttgen, Norbert 108

S
Sachs, Jeffrey 127
Saizew. Wassili 24
Salje, Marina 62f
Sanio, Jochen 96, 98
Sarkozy, Nicolas 91, 103
Sauer, Joachim 52
Schabowski, Günther 41, 54
Schäuble, Wolfgang 73, 77ff, 108, 112
Schewkunow, Tichon 141
Scholz, Olaf 9, 11, 14, 111, 162, 177, 190
Schreiber, Karlheinz 77
Schröder, Gerhard 80ff, 85ff, 131, 171ff
Schwesig, Mauela 173
Selenskyj, Wolodymyr 9, 164
Simonyan, Rair 126
Skuratow, Juri 67ff
Smith, Adam 18
Smolenski, Alexander 128
Sobtschak, Anatoli 44, 60f, 65f
Solowjow, Wladimir 133
Stalin. Josef 20, 22ff, 29, 33, 58, 152f
Steinbrück, Peer 98f

Steinmeier, Frank-Walter 82, 164, 174
Stepaschin, Sergei 69f
Stoiber, Edmund 80ff, 85ff

T
Tambow-Bande 62ff
Thatcher, Margaret 85
Timtschenko, Gennadi 63f, 166
Traber, Ilja 62f
Trotzki, Leo 21f
Trump, Donald 170f
Tscherkessow, Wiktor 62, 129

U
Ulbricht, Walter 46, 49f

V
Vad, Erich 113

W
Warnig, Matthias 55, 64, 131, 166,
    171, 174
Wolf , Markus 37
Wolffsohn, Michael 119
Wörner, Manfred 160
Wulff, Christian 79

X
Xi Jinping 182

Z
Zypries, Brigitte 174

GRAFIKEN UND TABELLEN

GRAFIK 1. UdSSR: Außenhandelsbilanz
bei agrarischen Produkten S. 30

GRAFIK 2. Verschuldung der UdSSR im
Ausland S. 32

GRAFIK 3. Geldersparnisse in der
UdSSR S. 34

GRAFIK 4. Einwanderung nach
Deutschland S. 118

GRAFIK 5. Deutschland, UdSSR, Russland: Reales Bruttoinlandsprodukt
pro Kopf S. 145

GRAFIK 6. Russland: Wirtschaftswachstum und Ölpreis S. 148

GRAFIK 7. Verteidigungsausgaben in
Deutschland und Russland S. 159

TABELLE 1. Zwei Karrieren aus den Ruinen des Sowjetimperiums S. 13

TABELLE 2. Putins kometenhafter Aufstieg in Moskau S. 66

TABELLE 3. Merkels kometenhafter Aufstieg in Bonn und Berlin S. 76

TABELLE 4. Umverteilung über EU-
Haushalt und Hilfsprogramme
S. 104

Gendererklärung

Der besseren Lesbarkeit wegen verwendet der Autor im Text zumeist die Sprachform des generischen Maskulinums. Personenbezogene Aussagen beziehen sich auf alle Geschlechter.

1. Auflage
© 2023 ecoWing Verlag bei Benevento Publishing Salzburg – München, eine Marke der Red Bull Media House GmbH, Wals bei Salzburg

Gesetzt aus der Tiempos Text und Sofia Pro

Medieninhaber, Verleger und Herausgeber:
Red Bull Media House GmbH
Oberst-Lepperdinger-Straße 11–15
5071 Wals bei Salzburg, Österreich

Lektorat: Regina Carstensen

Satz und Gestaltung: Anna Haerdtl, Bureau A/O

Umschlaggestaltung: wilhelm typo grafisch, unter Verwendung von R-studio/PinkBlue Studio/Shutterstock.com

Autorenillustration: Claudia Meitert/ carolineseidler.com

Printed by Finidr, Tschechien

ISBN: 978-3-7110-0322-5